重庆市取水许可管理规范化建设指南

高俊海　刘运华　苏　蘅　李兴林
谢成奎　朱文兰　单文彪　主　编

黄河水利出版社
·郑州·

内 容 提 要

本书对取水许可前期审批与后期管理工作内容及规定进行了详细的阐述，并对取水许可工作各个环节与流程制定了具体的要求与措施，主要内容包括取水许可管理、水资源费征缴管理、取水计量监测管理三个方面。本书结合重庆市水资源管理工作实际编写，是一本规范和指导重庆市取水许可管理的工具书。

本书可供从事水资源管理的工作人员、取水户以及相关领域的科研、设计人员学习参考。

图书在版编目(CIP)数据

重庆市取水许可管理规范化建设指南/高俊海等主编. —郑州：黄河水利出版社，2023. 3
ISBN 978-7-5509-3430-6

Ⅰ. ①重… Ⅱ. ①高… Ⅲ. ①取水-管理-重庆-指南 Ⅳ. ①D922. 66-62

中国版本图书馆 CIP 数据核字(2022)第 216849 号

组稿编辑：田丽萍 电话：0371-66025553 E-mail：912810592@ qq. com

出 版 社：黄河水利出版社 网址：www. yrcp. com
地址：河南省郑州市顺河路黄委会综合楼 14 层 邮政编码：450003
发行单位：黄河水利出版社
发行部电话：0371-66026940、66020550、66028024、66022620(传真)
E-mail：hhslcbs@ 126. com
承印单位：河南新华印刷集团有限公司
开本：890 mm×1 240 mm 1/32
印张：3. 5
字数：110 千字
版次：2023 年 3 月第 1 版 印次：2023 年 3 月第 1 次印刷

定价：38. 00 元

《重庆市取水许可管理规范化建设指南》
编委会

主　　编：高俊海　刘运华　苏　蘅　李兴林
谢成奎　朱文兰　单文彪

编委会成员：叶　琰　叶　勇　龙训建　史潇然
杨　浩　刁贵芳　朱少华　尹　晶
熊俊波　苏辉东　张　亮

前　言

《中华人民共和国水法》明确提出“国家对水资源依法实行取水许可制度和有偿使用制度”，该制度的实施，有效发挥了政府对水资源的宏观管控职能，有效推动了重庆市水资源的开发、利用、节约、配置、治理、保护等工作，有效支撑和保障了重庆市经济社会发展，但通过近30年的实践，重庆市取水许可管理工作仍存在要求不具体、资料不规范等问题。“三新一高”、“十六字”治水思路、“把水资源作为最大刚性约束”等要求，对水资源管理工作提出了更高目标、更严标准、更多要求，取水许可管理作为水资源管理工作的核心内容，提高其规范化、标准化、精细化管理水平，尤其关键和迫切。为适应新形势新要求，亟须制定出台取水许可管理规范化建设指南，以规范和指导重庆市取水许可管理工作，切实提高全市管理水平，促进取得管理实效，更好服务经济社会可持续发展。

本书根据《中华人民共和国水法》《取水许可和水资源费征收管理条例》《取水许可管理办法》《重庆市水资源管理条例》等法律法规的要求，结合重庆市取水许可管理工作实践编写。本书主要内容包括取水许可管理、水资源费征缴管理、取水计量监测管理三个方面，本书对取水许可管理工作全流程进行了详细梳理，从前期审批到后期管理的各环节进行了逐项规范，明确了每项要求的内容、范围、标准、流程、模板等，可以规范和指导重庆市取水许可管理工作，是一本较好的工具书或参考书。

本书由重庆市水资源综合事务中心高俊海，重庆市水利局刘运华，重庆市水资源综合事务中心苏蘅、李兴林、谢成奎、朱文兰、单文彪担任主编。本书在编写过程中，得到了重庆市水利局以及有关区（县）水行政主管部门的大力支持和帮助，西南大学叶琰、叶勇、龙训建等同志付出了大量心血，重庆市水资源综合事务中心史潇然、杨浩、刁贵芳、朱少华，重庆市水利局尹晶、熊俊波、苏辉东和北碚区水利局张亮等多位同志参与了本书编写工作，在此，谨向为本书编写提供支持和帮助的单位和个人表示衷心感谢！同时，也向所有文献作者表示感谢！

由于作者水平有限，时间仓促，书中难免存在不妥之处，敬请读者朋友批评指正。

编　者

2023 年 3 月

目　录

1 编制目的

为进一步提高重庆市取水许可管理工作规范化、标准化、精细化水平，根据《中华人民共和国水法》《取水许可和水资源费征收管理条例》《取水许可管理办法》《重庆市水资源管理条例》等法律法规，对取水许可审批、取用水监督管理、水资源费征收等重要事项制定本规范化建设指南。

2 适用范围

本指南适用于重庆市取水许可管理工作，为各级水行政主管部门、取水单位或者个人在开展取水许可管理工作时提供参考。

3 相关依据

(1)《中华人民共和国水法》;

(2)《中华人民共和国长江保护法》;

(3)《取水许可和水资源费征收管理条例》;

(4)《取水许可管理办法》;

(5)《水利监督规定》;

(6)《水资源管理监督检查办法(试行)》;

(7)《建设项目水资源论证管理办法》;

(8)《用水统计调查制度(试行)》;

(9)《地下水管理条例》;

(10)《水利工程标识牌设置规范》;

(11)《重庆市水资源管理条例》;

(12)《重庆市取水许可和水资源费征收管理办法》;

(13)《重庆市水资源费征收使用管理实施办法》;

(14)《重庆市取水许可告知承诺制实施方案(试行)》;

(15)《重庆市取水许可告知承诺制监督管理办法(试行)》;

(16)《重庆市取水工程验收管理办法》;

(17)《水利部关于印发水利工程建设项目档案管理规定的通知》;

(18)《水利部关于强化取水口取水监测计量的意见》;

(19)《水利部关于做好河湖生态流量确定和保障工作的指导意见》。

4 主要内容

取水许可工作内容主要包括:取水许可管理、水资源费征缴管理、取水计量监测管理。具体见图4-1。

图 4-1　取水许可工作内容

5 取水许可管理

5.1 取水许可审批

5.1.1 取水许可申请对象

5.1.1.1 基本要求

利用取水工程(设施)直接从江河、湖泊或者地下取用水资源的单位和个人,应当向水行政主管部门或者流域管理机构申请领取取水许可证,并缴纳水资源费。

适用取水许可申请的新建、改建、扩建的建设项目,申请人应当在取水工程(设施)开工前提交取水许可申请,经水行政主管部门批准,申请人方可兴建取水工程(设施)。

5.1.1.2 不需申请办理取水许可证的情形

(1)农村集体经济组织及其成员使用本集体经济组织的水塘、水库水的;

(2)家庭生活和零星散养、圈养畜禽饮用等少量取水的(年取水量在 3 000 m^3 以下的);

(3)为保障矿井、隧道等地下工程施工安全和生产安全,必须进行的临时应急取(排)水的;

(4)为消除对公共安全或者公共利益的危害,临时应急取水的;

(5)为农业抗旱和维护生态与环境,必须临时应急取水的;

(6)法律、行政法规规定的其他取水情况。

5.1.1.3 禁止办理取水许可证的情形

(1)在地下水禁采区取用地下水的;

(2)在取水许可总量已经达到取水许可控制总量的地区新增取水

量的；

(3)可能对水功能区水域使用功能造成重大损害的；

(4)取水、退水布局不合理的；

(5)城市公共供水管网能够满足用水需要时，建设自备取水工程(设施)取用地下水的；

(6)可能对第三者或者社会公共利益产生重大损害的；

(7)属于备案项目，未报送备案的；

(8)法律、行政法规规定的其他情形。

5.1.2 取水许可审批类型

取水许可审批分为常规审批和告知承诺制2类，见图5-1。

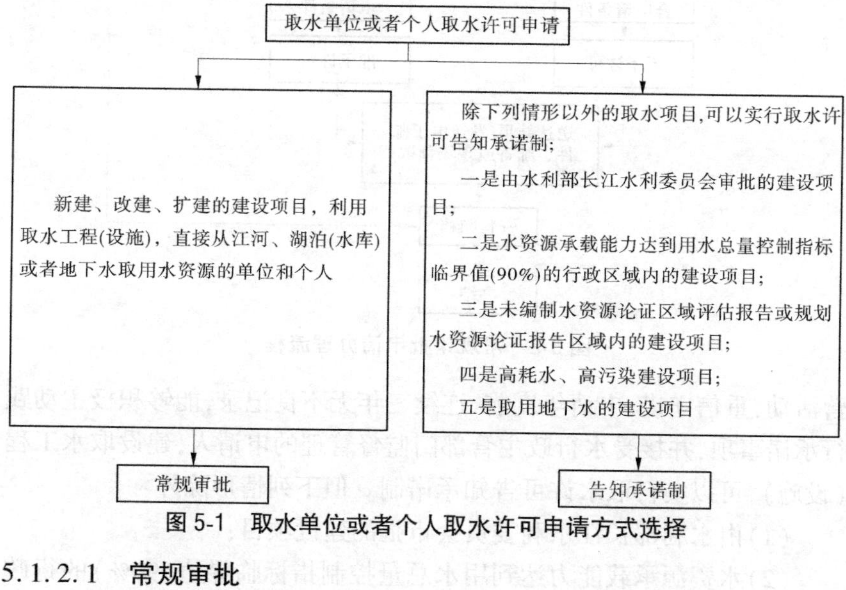

图5-1 取水单位或者个人取水许可申请方式选择

5.1.2.1 常规审批

告知承诺制以外的其他适用取水许可申请的建设项目，采用常规审批。取水许可常规审批申请办理流程如图5-2所示。

5.1.2.2 告知承诺制

严格遵守国家法律、法规、规章和相关政策规定，依法从事生产经

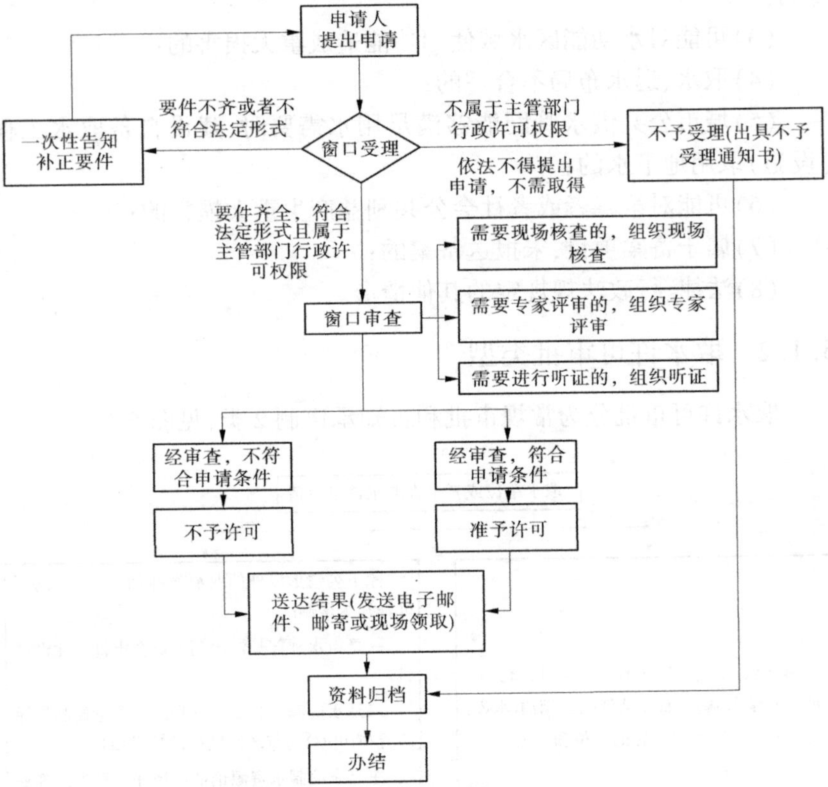

图 5-2 常规审批申请办理流程

营活动，重信守诺，申请年度前，连续三年无不良记录，能够积极主动践行承诺事项，并接受水行政主管部门监督管理的申请人，建设取水工程（设施），可以实行取水许可告知承诺制。但下列情形除外：

（1）由水利部长江水利委员会审批的建设项目；

（2）水资源承载能力达到用水总量控制指标临界值（90%）的行政区域内的建设项目；

（3）未编制水资源论证区域评估报告或规划水资源论证报告区域内的建设项目；

（4）高耗水、高污染建设项目；

(5)取用地下水的建设项目。

取水许可告知承诺制申请办理流程如图 5-3 所示。

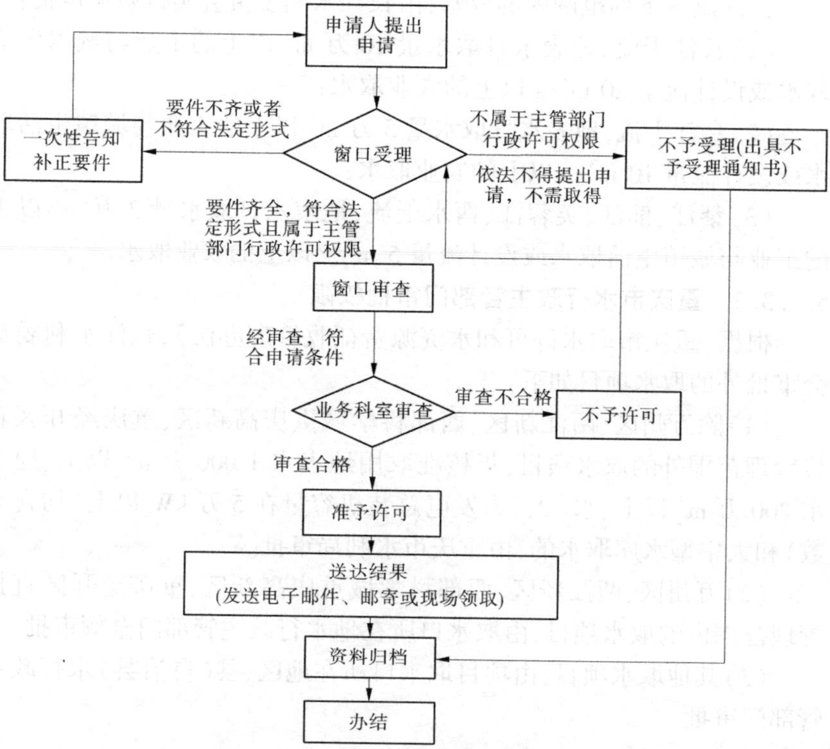

图 5-3　告知承诺制申请办理流程

5.1.3　取水许可审批权限

5.1.3.1　水利部长江水利委员会审批权限

根据《长江水利委员会关于印发长江水利委员会实施取水许可制度细则的通知》(长水资管〔2020〕650 号),长江水利委员会审批权限按全额审批和限额审批划分。

在下列范围内的取水由长江水利委员会实行全额审批：

(1)长江流域及澜沧江以西区域(含澜沧江)内由国务院或者国务

院投资主管部门批准的大型建设项目的取水(含地下水)。

(2)跨省、自治区、直辖市行政区域的取水。

长江流域下列范围内的取水,由长江水利委员会实行限额审批:

(1)长江干流,地表水日取水量10万 m^3 以上的工业与城镇生活取水或设计流量20 m^3/s 以上的农业取水;

(2)乌江干流,地表水日取水量5万 m^3 以上的工业与城镇生活取水或设计流量10 m^3/s 以上的农业取水;

(3)綦江、郁江、芙蓉江、酉水干流,地表水日取水量3万 m^3 以上的工业与城镇生活取水或设计流量5 m^3/s 以上的农业取水。

5.1.3.2 重庆市水行政主管部门审批权限

根据《重庆市取水许可和水资源费征收管理办法》,长江水利委员会审批外的取水项目如下:

(1)除万州区、两江新区、西部科学城重庆高新区、重庆经开区直接管理范围外的取水项目,年核准取用地表水1 000万 m^3 以上、地下水200万 m^3 以上、水(火)力发电总装机容量在5万kW以上(均含本数)和大中型水库取水的,由重庆市水利局审批。

(2)万州区、两江新区、西部科学城重庆高新区、重庆经开区直接管理范围内的取水项目,由取水口所在地水行政主管部门全额审批。

(3)其他取水项目,由项目取水口所在地区、县(自治县)水行政主管部门审批。

5.1.4 常规审批申请材料及许可决定

5.1.4.1 申请材料

常规审批申请材料共5项:①取水许可申请书;②建设项目水资源论证报告书(表);③建设项目与第三方利害关系证明;④取水量与本区域用水总量控制指标符合性说明;⑤退水同意文件(利用已批准入河排污口退水的需提供)。各申请材料要求如下。

1. 取水许可申请书

取水许可申请书要求提交原件2份。模板如下:

取 水 许 可 申 请 书

申请人(盖章)＿＿＿＿＿＿＿＿＿＿＿＿

申 请 日 期＿＿＿＿＿＿＿＿＿＿＿＿

中 华 人 民 共 和 国 水 利 部 监 制

填表说明

(1)申请人：申请取水的单位或个人名称，包括法人、公民和其他组织（非法人组织）。单位名称应与注册登记信息一致，个人（公民）名称应与身份证信息一致。

(2)统一社会信用代码（身份证号码）：申请人为法人或其他组织时，填写其统一社会信用代码；申请人为个人（公民）时，填写其身份证号码。

(3)法定代表人：申请人为法人或其他组织时，填写法定代表人；申请人为个人（公民）时，不填。

(4)住所（住址）：单位按工商或事业单位登记机关登记的注册地址填写，应与注册登记信息一致；个人填写身份证载明的住址。

(5)邮编：住所（住址）所在行政区域的邮政编码。

(6)生产经营场所地址：填写申请人生产经营的地点，填至具体街道、小区门牌号。

(7)行业类别：按照国民经济行业分类标准 GB/T 4754 的中类填写。

(8)用水管理部门：取水单位的用水管理部门名称，取水个人不填。

(9)联系人：取用水管理部门对外沟通、联系的固定人员的姓名；申请人为个人时，填写其本人。

(10)手机号码：联系人的常用手机号码。

(11)共同申请人：如有共同申请人，填写共同申请人的信息，包括单位名称（个人姓名）、统一社会信用代码（身份证号码）及对应享有的份额。

(12)项目名称：填写新建、改建、扩建的建设项目名称；其他可不填。

(13)项目性质：按照新建、改建、扩建、其他进行勾选。

(14)项目概况：简要说明项目的建设内容、建设规模、投资情况、地理位置、生产地点等基本情况。工业项目应说明主要产品、设计年生产规模、计划投产时间等;农业项目应说明受益或供水范围、设计灌溉面积、主要作物品种及产量;发电项目应说明发电类型、机组台数与装机容量、设计年发电量、设计年利用小时等。

(15)运行期年取水量:项目运行期所有取水水源的年总取水量,单位为万 m^3/年。

(16)施工期取水量:项目施工期内申请的所有取水水源的取水总量,单位为万 m^3。

(17)水源类型:分为地表水、地下水和其他。取用地下水的,如为矿泉水或地热水,需进一步勾选相关类型;勾选"其他"的,应写明具体水源类型。

(18)取水地点:填写取水工程(设施)取水口所在行政区(写至村/社区)。

(19)取水口位置:取水水源为地表水的,填写江河/湖泊/水库名称+相对位置,例如,________水库坝上/坝下;________河________桥下游左岸________米;________湖________岸段;________工程________段。取水水源为地下水的,说明水井的具体位置或范围。

(20)取水量:申请的单个水源的取水量,单位为万 m^3/年。

(21)取水工程(设施)类型:分为闸、坝、渠道、人工河道、虹吸管、水泵、水井、水电站以及其他,根据实际情况可多选。

(22)水源 n:如有多个水源,根据取水量的大小,从大到小,按照水源 1 的表格内容填写各个水源的信息。

(23)申请事由:说明申请取水缘由,取水事项的基本情况、取水用途、具备申请取水许可的依据、是否符合国家和地方相关产业政策等。

(24)申请取水起始时间:取水工程(设施)预计竣工开始取水的时间,填写年月日。

(25)期限:根据实际情况填写。

(26)取水用途:指取水的使用范围、方面。主要包括制水供水、原水供水、河道内生产用水(水力发电、航运、河道内养殖、河道内其他)、生活用水、工业用水[一般工业用水、火(核)电用水和其他电力生产用水]、农业用水、林业用水、畜牧业用水、渔业用水、建筑业用水、服务业用水、生态用水、其他用水(水源热泵、施工降水、其他)。按实际取水用途填写,该取水同时具有多种用途时,应逐项点选。

①制水供水是指城乡公共供水企业取原水按照国家标准生产自来水,利用管网供给城乡居民和企事业单位等。

②原水供水是指取水单位直接从江河、湖泊或地下取水,不作制水加工,直接供给其他企业生产、城市自来水公司等。

③河道内生产用水是指在江河、湖泊等水域兴建的用于水力发电、航运、河道内养殖以及其他河道内取水,勾选其他时应注明具体用途。

④生活用水是指城镇生活用水和农村生活用水(含工业、农业生产过程中所需的生活用水)。

⑤建筑业用水是指土木工程、房屋建设和设备安装等用水。

⑥服务业用水是指服务业单位从事经营活动用水,服务业包括交通运输、仓储和邮政业,信息传输、软件和信息技术服务业,租赁和商务服务业,科学研究和技术服务业,水利、环境和公共设施管理业,教育,卫生和社会工作,以及物业管理、房地产中介服务、自有房地产经营活动和其他房地产业等。

⑦工业用水是指工业企业生产用水,含附属生产用水和辅助生产用水。其中火(核)电用水和其他电力生产用水单独勾选。

⑧农业用水是指各种农作物的种植灌溉用水。

⑨林业用水是指林业灌溉用水。

⑩畜牧业用水是指为了获得各种畜禽产品的用水。

⑪渔业用水是指各种水生动植物的养殖用水。

⑫生态用水是指直接从江河、湖泊或地下取水,为其他河湖、湿地等补水,以及城乡市政、厂区、场区、园区、校区等区域环境(绿地灌溉)、卫生、清洁用水。

⑬其他用水包括水源热泵、施工降水、其他类型用水,按照实际取水用途勾选,勾选其他时应注明具体用途。

(27)计量方式:包括管道计量方式、明渠计量方式、其他折算方式。

①管道计量方式包括:机械水表、电子远传水表、电磁流量计、超声波流量计、其他,选其他计量方式时应注明具体方式;

②明渠计量方式包括:水工建筑物法(上下游水位加闸门开度)、堰槽(单水位)法、规则断面单水位推流法、规则断面单水位加流速仪推流法、走航式 ADCP 法、水平式 ADCP(H-ADCP)法、坐底式二线能坡法、超声波时差法、表面流速法、其他,选其他计量方式时应注明具体方式;

③其他折算方式包括:泵站机组效率曲线折算、发电机组效率曲线折算、行政单元机电井群以电折水(根据单元内抽水总用电量及地下水平均埋深折算)、其他,其他折算应注明具体折算方式。

<table>
<tr><td rowspan="9">申请人基本情况</td><td>统一社会信用代码（身份证号码）</td><td></td><td>法定代表人</td><td colspan="2"></td></tr>
<tr><td>住所（住址）</td><td></td><td>邮编</td><td colspan="2"></td></tr>
<tr><td>生产经营场所地址</td><td colspan="4">重庆市________区县（自治县）________乡（镇、街道）________村（社区）________号</td></tr>
<tr><td>行业类别</td><td></td><td>用水管理部门</td><td colspan="2"></td></tr>
<tr><td>联系人</td><td></td><td>手机号码</td><td colspan="2"></td></tr>
<tr><td rowspan="2">共同申请人 1</td><td>单位名称（个人姓名）</td><td></td><td>份额</td><td>%</td></tr>
<tr><td>统一社会信用代码（身份证号码）</td><td colspan="3"></td></tr>
<tr><td rowspan="2">共同申请人 n</td><td>单位名称（个人姓名）</td><td></td><td>份额</td><td>%</td></tr>
<tr><td>统一社会信用代码（身份证号码）</td><td colspan="3"></td></tr>
<tr><td rowspan="3">项目基本情况</td><td>项目名称</td><td colspan="4"></td></tr>
<tr><td>项目性质</td><td colspan="4">□新建　□改建、扩建　□其他</td></tr>
<tr><td>项目概况</td><td colspan="4"></td></tr>
<tr><td colspan="2">运行期年取水量（合计）</td><td colspan="4">____万 m^3/年</td></tr>
<tr><td rowspan="5">水源 1</td><td>水源类型</td><td colspan="4">□地表水　□地下水（□矿泉水　□地热水）
□其他________</td></tr>
<tr><td>取水地点</td><td colspan="4">重庆市________区县（自治县）
________乡（镇、街道）________村（社区）</td></tr>
<tr><td>取水口位置</td><td colspan="4">________水库坝上/坝下；________河________桥下游左岸________米；________湖________岸段；________工程________段，东经________°________′________″，北纬________°________′________″</td></tr>
<tr><td>年取水量</td><td colspan="4"></td></tr>
<tr><td>取水工程（设施）类型（可多选）</td><td colspan="4">□闸　□坝　□渠道　□人工河道　□虹吸管
□水泵　□水井　□水电站　□其他</td></tr>
</table>

<table>
<tr><td>…</td><td colspan="2">…</td></tr>
<tr><td>水源 n</td><td colspan="2">（同上）</td></tr>
<tr><td colspan="2">施工期起止时间</td><td>从________年________月________日
至________年________月________日</td></tr>
<tr><td colspan="2">施工期取水量（合计）</td><td>（施工期取水量可不按年取水量填写，按施工期的总取水量填写）________万 m^3</td></tr>
<tr><td rowspan="6">水源 1</td><td>水源类型</td><td>□地表水　□地下水（□矿泉水 □地热水）
□其他________</td></tr>
<tr><td>取水地点</td><td>重庆市________区县（自治县）
________乡（镇、街道）________村（社区）</td></tr>
<tr><td>取水口位置</td><td>________水库坝上/坝下；________河________桥下游左岸________米；________湖________岸段；________工程________段，东经________°________′________″，北纬________°________′________″</td></tr>
<tr><td>取水量</td><td>________万 m^3/年</td></tr>
<tr><td>取水工程（设施）类型（可多选）</td><td>□闸　□坝　□渠道　□人工河道　□虹吸管
□水泵　□水井　□水电站　□其他</td></tr>
<tr><td colspan="2"></td></tr>
<tr><td>…</td><td colspan="2">…</td></tr>
<tr><td>水源 n</td><td colspan="2">（同上）</td></tr>
<tr><td colspan="2">申请事由</td><td></td></tr>
<tr><td colspan="2">申请取水起始时间</td><td>________年____月____日　｜期限｜</td></tr>
</table>

<table>
<tr><td>取水用途
(可多选)</td><td colspan="2">□制水供水　□原水供水
□河道内生产用水(□水力发电　□航运　□河道内养殖　□河道内其他________)
□生活用水　□建筑业用水　□服务业用水
□工业用水(□一般工业用水　□火(核)电用水和其他电力生产用水)
□农业用水　□林业用水　□畜牧业用水　□渔业用水
□生态用水　□其他用水(□水源热泵　□施工降水
□其他________)</td></tr>
<tr><td rowspan="4">计量方式</td><td>□管道计量</td><td>□机械水表 □电子远传水表 □电磁流量计 □超声波流量计 □其他________</td></tr>
<tr><td>□明渠计量</td><td>□水工建筑物法 □堰槽(单水位)
□规则断面单水位推流 □规则断面单水位加流速仪推流 □走航式 ADCP □水平式 ADCP(H-ADCP)
□坐底式二线能坡法 □超声波时差法
□表面流速法
□其他________</td></tr>
<tr><td>□其他折算方式</td><td>□泵站机组效率曲线折算
□发电机组效率曲线折算
□行政单元机电井群以电折水
□其他________</td></tr>
<tr><td>数据传输方式</td><td>□在线　　　□非在线</td></tr>
<tr><td>承诺</td><td colspan="2">我单位(本人)承诺:
对办理事项清楚了解。
提供的申请材料真实有效。
严格遵守国家法律法规和水行政主管部门的各项要求,确保取水、用水、节水符合国家产业政策和水行政主管部门管理要求。
承诺人(法人代表签章):____________</td></tr>
</table>

2. 建设项目水资源论证报告书(表)

一是参考技术标准。根据建设项目类型,可使用的导则有《水利水电建设项目水资源论证导则》(SL 525—2011)和《建设项目水资源论证导则》(GB/T 35580—2017)。报告书(表)章节编排参照《重庆市建设项目水影响论证报告编制大纲(试行)》。

二是报告书(表)编制规定。地表水年取水量在10万 m^3 以上(含本数)、地下水年取水量在1万 m^3 以上(含本数)的建设项目编制建设项目水资源论证报告书,其余建设项目编制建设项目水资源论证报告表。

报告书(表)要求提交原件8套,电子件光盘1张。

3. 建设项目与第三方利害关系证明

建设项目与第三方可能存在利害关系时,要求提交对建设项目涉及(影响)第三方水事权益的承诺书,并附申请人与第三方达成的取用水协议书(由项目法人与第三者自行签订正式协议文件)。其他情况由申请人提供不涉及(不影响)第三方水事权益的承诺书。

取用水协议书或承诺书要求提交原件各1份。承诺书模板如下。

(1)取水涉及(影响)第三方水事权益的承诺书模板。

______________(取水单位或者个人)
关于________取水工程(设施)取水涉及(影响)第三方水事权益的承诺书

________(水行政主管部门):

________取水工程(设施)位于________区县(自治县)________乡(镇、街道)________村(社区)。于________(河流/水库)________(左/右)岸取水,共计________处取水口。经调查核实,该取水口邻近位置已建有________取水工程(设施)。本工程利用________方式取水,对已有工程有影响。我单位已与受影响的第三方达成相关协议,详见附件。如遇其他第三方需协调的问题,我单位承诺将负责妥善解决,并承担相应责任和损失。

__________(取水单位盖章或者个人签字)

年　月　日

(2)取水不涉及(不影响)第三方水事权益的承诺书模板。

__________________(取水单位或者个人)

关于________取水工程(设施)取水不涉及

(不影响)第三方水事权益的承诺书

__________(水行政主管部门):

________取水工程(设施)位于________区县(自治县)________乡(镇、街道)________村(社区)。于________(河流/水库)________(左/右)岸取水,共计________处取水口。经调查核实,本工程(设施)不涉及第三方水事权益,不存在对第三方水事权益的影响。如在取水工程(设施)运行过程中出现其他第三方水事权益问题,我单位将负责妥善解决,并承担相应责任和损失。

________(取水单位盖章或者个人签字)

年　月　日

4.取水量与本行政区域用水总量控制指标符合性说明

建设项目所在区县(自治县)水行政主管部门需提供建设项目取水量与本行政区域用水总量控制指标符合性说明原件1份。模板如下:

________________（水行政主管部门）关于________取水工程（设施）取水量与本行政区域用水总量控制指标符合性说明

根据《重庆市人民政府办公厅关于印发重庆市实行最严格水资源管理制度考核办法的通知》（渝府办发〔2013〕95号）及《重庆市人民政府办公厅关于调整各区县2030年用水总量控制目标的通知》（渝府办发〔2021〕147号），________区县（自治县）2025年、2030年用水总量控制指标分别为________万 m^3 和________万 m^3。据《重庆市水资源公报（________年）》，现状年实际用水量为________万 m^3。已批复河道外取水许可量为________万 m^3（扣除重复许可量），剩余用水总量控制指标________万 m^3。本工程（设施）设计水平年（________年）取水量为________万 m^3。本行政区域许可水量未超过用水总量控制指标，符合用水总量控制要求。

________________（水行政主管部门盖章）

年　月　日

5. 退水同意文件

利用已批准的入河排污口退水的，应出具具有管辖权限的有关部门同意文件原件1份。

5.1.4.2　取水许可行政决定

由取水单位或者个人申请，建设项目经审批部门审查通过，由审批部门出具取水许可行政决定。不同类型的取水工程（设施）取水许可行政决定内容侧重点有所不同，为提升重庆市建设项目取水许可行政决定的规范化水平，本书提供水库工程、供水工程（水厂）、工业自备取水工程、水电取水工程等常见工程类型的取水许可行政决定示例，以供参照执行。其余工程类型的取水许可行政决定可参考使用。

（1）水库工程取水许可行政决定示例。

示例如下：

重庆市水利局
关于重庆市××县××水库工程取水准予行政许可的决定

重庆××有限公司：

你单位提交的重庆市××县××水库工程取水许可申请(项目编码：××××-××××××-××-××-××××××)和"重庆市××县××水库工程水资源论证报告书"收悉。经审核，申请材料基本齐全，符合规定要求，根据《行政许可法》第三十八条第一款、《水行政许可实施办法》第三十二条第一项、《取水许可和水资源费征收管理条例》和《取水许可管理办法》的相关规定，对重庆市××县××水库工程取水作出准予行政许可决定如下。

一、基本情况

××水库位于××县××镇××村境内，坝址位于×江×岸×级支流××河的上游，借水坝坝址位于××河×岸支沟××河上，该水库是一座具有农业灌溉、场镇及农村供水等综合利用功能的中型水利工程，水库死水位×××.×× m(黄海高程，下同)，正常蓄水位×××.×× m，总库容×××.××万 m^3。灌溉对象分布于××县××镇、××镇××个村社，设计灌溉面积××.××万亩；场镇及农村生活供水对象为××镇、××镇，场镇人口××.××万人、农村人口××.××万人、大小牲畜××.××万头。

二、取水量及取水方式

根据"重庆市××县××水库工程水资源论证报告书"(以下简称"报告书")及其技术审查意见(见附件)，同意水库从××江×岸××级支流××河的上游取水，借水坝从××河×岸支沟××河上游取水。取水(放空)建筑物布置于大坝××游×岸约××× m 处，由取水塔、取水放空洞(管)、出口控制闸房组成；借水坝布置于大坝××侧的××河上游，为底格拦栅坝，通过 1#、2#借水隧洞借水至水库，借水隧洞出口位于大坝×游×岸。

至××××年规划水平年，本工程河道外多年平均取水量×××. ××万 m^3，其中：灌溉供水量×××. ××万 m^3、城镇人口供水量×××. ××万 m^3、农村人畜供水量×××. ××万 m^3。

取水方式为蓄水。

三、取水水源可靠性

本工程坝址处多年平均径流量×××. ××万 m^3，借水坝处多年平均径流量×××. ××万 m^3，水库多年平均可供水量×××. ××万 m^3，满足本工程供水、灌溉取水水量及其保证率要求。本工程取水河段现状水质为×类，满足取水水质要求。

四、最小生态下泄量

基本同意本工程最小下泄生态流量丰水期按坝址断面多年平均流量的 30%下泄，其他时段按坝址断面多年平均流量的 10%下泄，水库多年平均生态下泄水量×××. ××万 m^3。运行期间应落实“报告书”提出的最小下泄生态流量保障措施，以满足最小下泄流量要求。

五、退水方式

本工程退水主要为施工期生产废水与生活污水及运行期水库管理人员生活污水、场镇生活生产污水、农村人畜生活污水和灌溉回归水等。

施工期生产废水经处理后重复使用，或作场地洒水防尘用，生活污水通过设置一体化生活污水处理设备处理后供周边农田使用。

运行期场镇生产生活污水全部进入××污水处理厂、××污水处理厂达标处理后排入××河和××河。根据“××县住房和城乡建设委员会关于××镇、××镇污水处理厂远期(改)扩建的承诺函”，承诺在××水库投产前，根据××镇、××镇的污水处理规模需求，完成对现有××污水处理厂、××污水处理厂的(改)扩建工程，以满足规划水平年××镇、××镇排污的需求。

农村人畜饮水的污水通过设置旱厕收集供周边农田使用。

灌溉回归水分散退入××河和××河。

六、取退水影响

本工程建成后将对下游××水厂取水口、4座灌溉石河堰和××县××电站造成一定影响。××水库建成后将新建××水厂替代原有取水口向××镇供水,下游4座灌溉石河堰灌区均纳入××水库灌溉范围;对于施工期有可能影响××水厂取水,通过采取取水口移至××河借水坝×游,并新建输水管道措施进行补救;对于水库×游受影响的××电站,根据重庆××公司和重庆××公司签订的协议进行相应补偿。

七、节水评价

原则同意"报告书"对节水评价范围、现状节水水平评价与节水潜力分析、主要节水目标、节水指标、水资源配置方案节水符合性分析。

八、取供水计量

你单位应当组织安装符合国家相关技术质量标准的取(退)水计量和在线监测设施,本工程提出的节水设施、计量和监测设施等应与本工程同时设计、同时施工、同时投入使用;计量和监测设施投入使用后,应定期进行检定或者校核,保证设施正常使用和量值的准确、可靠;落实并安装数据传输设施,确保工程取(退)水计量信息及最小下泄流量监测信息的系统接入。

九、取水工程(设施)核验

水库工程竣工试运行满30日后,应在60日内向×局报送取水工程(设施)竣工验收材料,经×局验收合格并核发取水许可证后,方可正式取水运行。

十、其他要求

(一)若本工程建设规模、取水地点、取水量和取水用途等发生变化，应重新进行水资源论证，重新申请取水。

（二）本取水许可申请批准后3年内，若取水工程未开工建设，或者本工程未取得相关部门审批或核准，本取水许可申请审批文件自行失效。

附件：重庆市××县××水库工程水资源论证报告书专家评审意见

重庆市水利局

年　月　日

(2)供水工程（水厂）取水许可行政决定示例。

示例如下：

重庆市水利局
关于××区××供水工程取水准予行政许可的决定

重庆市××区自来水有限公司：

你单位提交的××区××供水工程取水许可申请（项目编码：××××-××××××-××-××-××××××）和“××区××供水工程水资源论证报告书”收悉。经审核，申请材料基本齐全，符合规定要求，根据《行政许可法》第三十八条第一款、《水行政许可实施办法》第三十二条第一项、《取水许可和水资源费征收管理条例》和《取水许可管理办法》的相关规定，对××区××供水工程取水作出准予行政许可决定如下。

一、基本情况

××中心城区现状供水由××区××供水工程（即现状的××区××水厂）和××水厂共同承担。××区××供水工程为已建工程，位于××区××街道办事处×××居委会×××处，以×××水库及其配套调水工程——××河水库为水源，供水规模××万 m^3/d，已批准年取水许可量×××. ××万 m^3。

为满足××中心城区用水需求，预计重庆市××区城区供水一体化建设项目及其配套水源工程于2025年初全部建成并发挥作用。在××××—××××年重庆市××区城区供水一体化建设项目建设期间，××中心城区供水仍由××供水工程（××万 m^3/d）和现状××水厂（××万 m^3/d）共同承担。随着××中心城区的快速发展，其城市用水需求呈上升趋势，导致××供水工程在××区城区供水一体化建设项目施工期间（××××—××××年）出现超量取水。

二、取水量及取水方式

根据"××区××供水工程水资源论证报告书"（以下简称"报告书"）及其技术审查意见（见附件），同意××区××供水工程从×××水库取水。

本工程由×××水库取水塔取水，经引水渠将原水输送至××水厂，年取水量××××万 m^3。

取水方式为蓄水。

三、取水水源可靠性

据"报告书"，在优先保证×××水库坝址下游河段生态流量及现有取用水户取水的情况下，×××水库可满足本工程××××万 m^3 取水水量的要求。

×××水库现状水质为×类，取水水源水质满足本工程取水水质的要求。

四、退水方式

××中心城区污水处理厂现有××区城市污水处理厂及××区××污水处理厂，污水处理能力达××万 m^3/d。××××规划水平年，本工程供区生产生活污水最高日排放达××.××万 m^3/d，生产生活年退水量×××万 m^3，经市政污水管网收集后，由上述2座污水处理厂达标处理后排入××河。

五、取退水影响

原则同意本工程在××××—××××年临时超量取水不会对×××水库

下游及现有取用水户造成不利影响的结论。

六、节水评价

原则同意对节水评价的分析。

七、取供水计量

你单位应当组织安装符合国家相关技术质量标准的取(退)水计量和在线监测设施,本工程提出的节水设施、计量和监测设施等应与本工程同时设计、同时施工、同时投入使用;计量和监测设施投入使用后,应定期进行检定或者校核,保证设施正常使用和量值的准确、可靠;落实并安装数据传输设施,确保工程取(退)水计量信息的系统接入。

八、取水工程(设施)核验

鉴于本工程为已建工程,你单位应在本批复印发之日起30日内向×局报送取水工程(设施)竣工验收材料,经×局验收合格并核发取水许可证后,方可正式取水运行。

九、其他要求

若本工程建设规模、取水地点、取水量和取水用途等发生变化,应重新进行水资源论证,重新申请取水。

附件:××区××供水工程水资源论证报告书专家评审意见

重庆市水利局

年　月　日

(3)工业自备取水工程取水许可行政决定示例。

示例如下:

重庆市水利局
关于重庆××××××公司自备水厂取水口工程取水准予行政许可的决定

重庆××××××公司：

你单位提交的重庆××××××公司自备水厂取水口工程取水许可申请(项目编码:××××-××××××-××-××-××××××)和“重庆××××××公司自备水厂取水口工程水资源论证报告书”收悉。经审核,申请材料基本齐全,符合规定要求,根据《行政许可法》第三十八条第一款、《水行政许可实施办法》第三十二条第一项、《取水许可和水资源费征收管理条例》和《取水许可管理办法》的相关规定,对重庆××××××公司自备水厂取水口工程取水作出准予行政许可决定如下。

一、基本情况

重庆××××××公司位于重庆市××区××镇×××××区,该公司现有项目为:“年产××万 t 高档牛皮箱板纸项目(一、二、三期工程)”“废纸浆资源回收利用项目”“年产××万 t 制浆生产项目”“年产××万 t 高档生活用纸项目”以及“年产××万 t 高档牛皮箱板纸改建高档生活用纸项目”。自备水厂取水口工程为已建工程,位于重庆市××区××镇×江×岸××滩,取水水源为×江×流,采用岸边式深井泵房取水,取水口头部顶部标高为×××. ×× m(黄海高程),泵房内共设水泵×台(×用×备),水泵出水管汇合为×根 DN1000 出水总管至水厂。

二、取水量及取水方式

本工程日取水总量××××. ×× m^3/d,其中,新鲜水取用水量××××. ×× m^3/d[已建年产××万 t 高档牛皮箱板纸项目(一、二、三期工程)××××. ×× m^3/d、已建废纸浆资源回收利用项目××××. ×× m^3/d、已建年产××万 t 制浆生产项目××××. ×× m^3/d、已建年产××万 t 高档生活用纸项目××××. ×× m^3/d、年产××万 t 高档牛皮箱板纸改建高档生活用纸项目

××××.×× m^3/d、自备热电站××××.×× m^3/d、厂区生活用水××××.×× m^3/d]，年新鲜水取用水量××××.××万 m^3，取用水规模与原批复一致。

取水方式为提水。

三、取水水源可靠性

本工程取水口断面 P=××%保证率年可供水量×××亿 m^3，本工程年取水量××××.××万 m^3；取水口断面 P=××%最小日平均流量×××× m^3/s，本工程取水流量××.×× m^3/s。取水水源可满足本工程取水水量要求。

本工程取水口断面水质标准为×—×类，取水水质基本满足要求。

四、退水方式

重庆××××××公司已建污水处理设施总处理能力××万 m^3/d，总排水量××××.×× m^3/d[已建年产××万 t 高档牛皮箱板纸项目(一、二、三期工程)××××.×× m^3/d、已建废纸浆资源回收利用项目××××.×× m^3/d、已建年产××万 t 制浆生产项目回用后××××.×× m^3/d、已建年产××万 t 高档生活用纸项目××××.×× m^3/d、年产××万吨高档牛皮箱板纸改建高档生活用纸项目××××.×× m^3/d、自备热电站××××.×× m^3/d、厂区生活排水×××× m^3/d]，年排水总量××××.××万 m^3，按《制浆造纸工业水污染物排放标准》(GB 3544—2008)达标排放，总排水口位于××区××镇×××河×桥下游××× m 处×岸。

五、取退水影响

本工程取水流量××.×× m^3/s，占取水口断面来水的比例极小，取用水规模与原批复年取水量一致，对区域水资源总量、其他取用水户等影响很小。

本工程退水已经原××区水务局进行了批复(×水务〔××××〕×××号)。

六、节水评价

原则同意对节水评价的分析。

三、取水水源可靠性

"报告书"依据××站××××—××××年径流资料进行水文分析计算，上水库坝址多年平均流量×××.×× m^3/s，多年平均径流量×××.××万 m^3；下水库坝址（不包含上水库坝址以上径流）多年平均流量×××.×× m^3/s，多年平均径流量×××.××万 m^3，满足电站用水要求。

上水库、下水库坝址水质达到×类水质标准，满足取水水质要求。

四、最小生态下泄量

基本同意本工程拟定上水库生态流量不小于×××.×× m^3/s，蓄水期采用漂浮式水泵抽排下泄，运行期通过环库公路将上游来水全部截流至坝下满足生态流量需要。下水库生态流量按坝址多年平均入库流量的××%，即×××.×× m^3/s，通过在泄洪排沙洞进水口闸室的闸墩内布设生态放水管下泄。在上水库、下水库各设置1套生态流量在线监控设施。运行期间应落实"报告书"提出的最小下泄生态流量保障措施，以满足最小下泄流量要求。

五、退水方式

×××抽水蓄能电站运行期基本不消耗水量，仅需每年补水×××万 m^3，发电用水在上、下库间循环利用，多余水量通过泄流设施全部退回天然河道中。本工程退水包括施工期退水及运行期退水。施工期退水主要为生产、生活用水退水，施工期废污水经处理后回收利用。运行期退水主要为电站厂房管理人员生活用水退水，生活用水退水通过地埋式污水处理装置处理后达标回用。

六、取退水影响

×××抽水蓄能电站上水库需占用××乡××村与××村交界处已建的××水库和××水库。××县水利局以《关于×××抽水蓄能电站外部制约因素专项排查情况说明的函》提出建设×××、×××水库来替代××、××两座水库的农灌和场镇人畜供水功能的方案。

为确保××水库和××水库供区的农灌和场镇人畜供水,必须在×××、×××水库建成且能完全替代××水库和××水库功能后,才能占用××水库和××水库。

×××抽水蓄能电站上水库将影响××电站发电效益,当事双方已签订了“××水电站赔偿意向书”。

七、节水评价

原则同意“报告书”对节水评价范围、现状节水水平评价与节水潜力分析、主要节水目标、节水指标、水资源配置方案节水符合性分析。

八、取供水计量

你单位应当组织安装符合国家相关技术质量标准的取(退)水计量和在线监测设施,本工程提出的计量和监测设施等应与本工程同时设计、同时施工、同时投入使用;计量和监测设施投入使用后,应定期进行检定或者校核,保证设施正常使用和量值的准确、可靠;落实并安装数据传输设施,确保工程取(退)水计量信息及最小下泄流量监测信息的系统接入。

九、取水工程(设施)核验

工程竣工试运行满30日后,应在60日内向×局报送取水工程(设施)竣工验收材料,经×局验收合格并核发取水许可证后,方可正式取水运行。

十、其他要求

(一)若本工程建设规模、取水地点、取水量和取水用途等发生变化,应重新进行水资源论证,重新申请取水。

(二)本取水许可申请批准后3年内,若取水工程(设施)未开工建设,或者本工程未取得相关部门审批或核准,本取水许可申请审批文件自行失效。

附件:重庆×××抽水蓄能电站水资源论证报告书专家评审意见

重庆市水利局

年　月　日

5.1.5 告知承诺制办理材料及许可决定

5.1.5.1 申请材料

告知承诺制审批申请材料共8项:①取水许可申请书;②建设项目立项依据文件和相应技术报告(或备案文件材料);③建设项目与第三方利害关系证明;④建设项目用水指标符合性说明;⑤建设项目符合国家生态流量有关要求的说明;⑥水资源论证区域评估报告及审查意见;⑦取水量与本区域用水总量控制指标符合性说明;⑧申请人的承诺书。各申请材料要求如下。

1. 取水许可申请书

取水许可申请书要求及模板同“常规审批”。

2. 建设项目立项依据文件和相应技术报告(或备案文件材料)

提供建设项目立项批复文件和相应技术报告复印件1份;属于备案项目的,提供有关备案文件材料复印件1份。

3. 建设项目与第三方利害关系证明

建设项目与第三方利害关系证明要求及模板同“常规审批”中材料3。

4. 建设项目用水指标符合性说明

建设项目涉及用水定额应符合国家及重庆市相关用水定额要求,应提交建设项目用水指标符合性说明原件1份。模板如下:

________________(取水单位或者个人)
关于________取水工程(设施)用水指标
符合国家及重庆市现行有关用水定额标准的说明

________(水行政主管部门):

根据________取水工程(设施)设计文件,建设项目用水指标主要为____(如有多项,分别列出)。根据国家及重庆市现行有关定额标准,对应用水定额先进值为____(如有多项,分别列出)。本项目(工程)的用水指标符合《________》(填选用定额名称)标准。

____________(取水单位盖章或者个人签字)

年 月 日

5. 建设项目符合国家生态流量有关要求的说明

建设项目应符合国家生态流量管理有关要求,应提交建设项目符合国家生态流量有关要求的说明原件1份。模板如下:

________________(取水单位或者个人)
关于________取水工程(设施)
下泄生态流量符合国家及重庆市生态流量管理有关要求的说明

________(水行政主管部门):

________取水工程(设施)位于________区县(自治县)________

乡(镇、街道)________村(社区),________(河流/水库)________(左/右)岸。取水断面多年平均来水流量________ m^3/s,设计取水流量________ m^3/s;丰水期最小下泄生态流量________ m^3/s,枯水期最小下泄生态流量________ m^3/s,满足相关要求。

____________(取水单位盖章或者个人签字)

年 月 日

6. 水资源论证区域评估报告及审查意见

要求提交建设项目所在区域的水资源论证区域评估报告(规划水资源论证报告)及审查部门出具的审查意见复印件各1份。

7. 取水量与本区域用水总量控制指标符合性说明

建设项目取水量与本区域用水总量控制指标符合性说明要求及模板同“常规审批”材料4。

8. 申请人的承诺书

要求提交原件1份。模板如下:

申请人的承诺书

申请人就申请取水许可的事项,作出如下承诺。

一、对取水许可法定条件的承诺

1. 建设项目与第三者有利害关系时,项目法人与第三者达成同意建设项目取水的协议;若不涉及第三者利益,项目法人作出建设项目不涉及、不影响第三者利益的承诺。

2. 建设项目新建、改建、扩建入河排污口的,已经具有管辖权限的生态环境部门同意;利用已批准入河排污口退水的,已经具有管辖权限的有关部门同意。

3. 建设项目符合国家产业政策。

4. 建设项目用水指标符合国家及重庆市有关定额指标。

5. 建设项目下放生态流量符合国家有关要求。

6. 建设项目退水水质符合纳污水体要求。

7. 取水总量不突破取水许可行政决定核准的取水量。

8. 安装经鉴定合格且具有在线监测功能的取水计量设施,将取水实时监控信息接入重庆市水资源综合管理系统,并按照规定定期检定校准,保障数据的真实性和准确性。

9. 建设项目取水水源水量和水质满足项目取用水需求。

二、对有关事项的承诺

1. 已经知晓行政许可实施机关告知的全部内容。

2. 保证申请资料和相关数据的合法性、真实性、准确性,保证电子文件和纸质资料的一致性,所作承诺是申请人的真实意思表示。

3. 满足行政许可实施机关告知的条件、标准和技术要求。

4. 能够在约定期限内,提交行政许可实施机关告知的相关材料。

5. 严格遵守国家法律、法规、规章和相关政策规定,依法从事生产经营活动,重信守诺,维护良好的信用记录,并主动接受政府、行业组织、社会公众、新闻舆论的监督,积极履行社会责任。

6. 上述陈述是申请人的真实意思表示。

7. 愿意承担不实承诺、违反承诺的法律责任及由此造成的损失。

8. 对有关许可文书颁发后从事许可的有效期予以确认和承诺。

9. 本承诺书在“信用中国(重庆)”等网站上公开。

申请人:　　　　　　　　　　　　　行政许可实施机关:

(签字盖章)　　　　　　　　　　　　　(盖章)

年　月　日　　　　　　　　　　　　年　月　日

申请人:

(自然人)

姓　　名：
证件类型：　　　　　　　　　编号：
联系方式：

（法　人）
单位名称：
法定代表人：　　　　　　　　地址：
联系方式：

（其他组织）
组织名称：
法定代表人：　　　　　　　　地址：
联系方式：

委托代理人：
证件类型：　　　　　　　　　编号：
联系方式：

行政许可实施机关：
联系人姓名：
联系方式：

5.1.5.2　取水许可行政决定

为提升全市建设项目取水许可行政决定的规范化水平，本指南提供供水工程（水厂）、水源热泵取水工程等取水许可告知承诺行政许可决定示例，以供参照执行。其余工程类型的取水许可行政决定可参考使用。

1. 供水工程（水厂）取水告知承诺准予行政许可的决定示例

示例如下：

重庆市水利局
关于重庆市××水厂×期供水工程取水告知承诺准予行政许可的决定

重庆××供水有限公司：

根据你公司关于重庆市××水厂×期供水工程取水许可告知承诺申请（项目代码：××××-××××××-××-××-××××××），经审核，你公司提交的取水申请材料基本齐全，并对取水许可有关事项作出了承诺，符合规定要求，根据《行政许可法》第三十八条第一款、《水行政许可实施办法》第三十二条第一项、《取水许可和水资源费征收管理条例》、《取水许可管理办法》及《重庆市水利局关于印发〈重庆市取水许可告知承诺制实施方案（试行）〉〈重庆市取水许可告知承诺制监督管理办法（试行）〉的通知》（渝水规范〔2021〕4号）的相关规定，现就该项目取水许可作出准予行政许可决定如下。

一、准予行政许可事项

（一）基本情况

重庆市××水厂供水范围为××区、××区和××区部分区域。××水厂一期工程设计供水规模××万 t/d，××××年××月，重庆市水利局颁发了××水厂一期的取水许可证，批复取水量××××万 m^3/a。××水厂二期工程设计供水规模××万 t/d，××××年××月，重庆市水利局颁发了××水厂二期的取水许可证，批复取水量××××万 m^3/a。××水厂现状供水总规模××万 t/d，××水厂三期工程××万 t/d 实施后，××水厂设计供水总规模×× 万 t/d。

××水厂×期工程建设内容主要为新建取水工程和净水厂区工程。取水工程包括取水头部、引水管道、取水泵房及原水管道，取水工程土建按远期××万 t/d 规模实施，引水管道及原水管道按远期××万 t/d 规模共布置 2 根管道，近期××万 t/d 采用一用一备，远期采用 2 根管道；机电设备按××万 t/d 安装。净水厂区工程包括××万 t/d 常规及深度净水处理工艺，××万 t/d 泥沙处理工程等。

（二）取水水源及取水地点

××水厂×期工程取水水源为××江×流，取水地点位于××区××街道××村××江×岸，现状已建×期和×期取水口上游约×× m 处。

（三）取水方式及取水量

××水厂×期工程取水方式为泵房取水，设计取水规模××万 t/d，年取水量××××万 m^3。

（四）退水量及退水地点

××水厂×期工程年退水量××××万 m^3。城镇人口及工业生产废水排入污水管网后，各区污水处理采用集中和分散相结合的方式。集中处理系统主要是主城区污水截流大系统——×××污水处理厂；分散处理系统主要包括×××、×××、×××、×××、×××、×××等污水处理厂。各污水处理厂集中处理达《城镇污水处理厂污染物排放标准》一级 A 标准后排入嘉陵江和长江。

二、取水工程核验

工程竣工试运行满 30 日后，应在 60 日内向×局报送取水工程竣工验收材料，经×局验收合格并核发取水许可证后，方可正式取水运行。

三、有关要求

（一）你公司应严格履行申请取水许可事项作出的承诺。

（二）若本项目取水量、取退水地点、水源类型、取水用途、取水方式等发生较大变化，应重新申请取水。

（三）你公司应加强节水工作，采取切实有效措施，减少输配水管网漏损量。

重庆市水利局

年　月　日

2. 水源热泵取水工程取水告知承诺准予行政许可的决定示例

示例如下：

重庆市水利局
关于重庆市××××××区域江水源热泵集中供冷供热项目取水告知承诺准予行政许可的决定

重庆市××××××××××公司：

你公司关于重庆市××××××区域江水源热泵集中供冷供热项目取水许可告知承诺申请的相关材料收悉。经审核，你公司提交的取水申请材料基本齐全，并对取水许可有关事项作出了承诺，符合规定要求，根据《取水许可和水资源费征收管理条例》《取水许可管理办法》及《重庆市水利局关于印发〈重庆市取水许可告知承诺实施方案(试行)〉〈重庆市取水许可告知承诺制监督管理办法(试行)〉的通知》(渝水规范〔2021〕4号)的相关规定，对重庆市××××××区域江水源热泵集中供冷供热项目取水准予行政许可，决定如下。

一、准予行政许可事项

(一)基本情况

重庆市××××××区域江水源热泵集中供冷供热项目位于重庆市××区，项目利用××江江水的温差来生产空调冷热源，项目共涉及×个能源站，分别为×、×号能源站。

(二)取水水源及取水地点

项目取水水源为××江×流，其中×号能源站取水地点位于××区×××××与×××大桥之间×××河段，×号能源站取水地点位于××区×××大桥下游××江×岸河段。

(三)取水方式及取水量

项目×、×号能源站取水方式均为泵房提水。核准两个泵房共计最大年取水量××××.××万 m^3，其中，核准×号能源站年取水量×××.××万 m^3，×号能源站年取水量×××.××万 m^3。

(四)退水量及退水地点

项目年退水量×××.××万 m^3。×号能源站退水口位于×号能源站取水口×游××× m××江×岸河段,×号能源站退水口位于×号能源站取水口×游××× m××江×岸河段。

二、取水工程核验

鉴于本项目已竣工且试运行满30日,你公司应尽快向×局报送取水工程竣工验收材料,经×局验收合格后核发取水许可证。

三、有关要求

(一)你公司应严格履行就申请取水许可事项作出的承诺。

(二)若本项目取水量、取退水地点、水源类型、取水用途、取水方式等发生较大变化,应重新申请取水。

(三)你公司应加强节水工作,采取切实有效措施,减少输配水管网漏损量。

重庆市水利局

年 月 日

5.2 取水许可证新发、延续、变更及注销

5.2.1 取水许可证新发

5.2.1.1 取水工程(设施)验收

取水工程(设施)建成并试运行满30日后,申请人应当向审批机关提出现场验收申请,并报送有关材料。取水审批机关应当自收到验收申请材料后20日内,对取水工程(设施)进行现场验收,出具验收意见,对验收合格的,核发取水许可证。

1. 申请材料

验收申请材料共7项:①取水许可证申领表;②建设项目的批准或者核准文件;③取水申请批准文件;④取水工程(设施)的地形图,竣工后的取水工程(设施)平面布置图、管线布置图、配置图等;⑤取水计量设施的信息、照片及检定校准证明材料;⑥试运行期间的取水量、退水量及水质监测报告;⑦取水工程(设施)建设和试运行情况报告。各申请材料要求如下。

(1)取水许可证申领表。

取水许可证申领表原件2份。模板如下:

取水许可证申领表

申请人(盖章)＿＿＿＿＿＿＿＿＿＿＿＿

申 请 日 期＿＿＿＿＿＿＿＿＿＿＿＿

中华人民共和国水利部监制

说　明

根据《取水许可和水资源费征收管理条例》和《取水许可管理办法》规定，取水工程(设施)竣工试运行满30日后，申请人应当按照国务院水行政主管部门的规定，填写“取水许可证申领表”，申请核发取水许可证，并提供以下材料：

(一)建设项目的批准或者核准文件；

(二)取水申请批准文件；

(三)取水工程(设施)的地形图，竣工后的取水工程(设施)平面布置图、管线布置图、配置图等；

(四)取水计量设施的信息、照片及检定校准证明材料；

(五)试运行期间的取水量、退水量及水质监测报告。

拦河闸坝等蓄水工程，还应当提交经地方人民政府水行政主管部门或者流域管理机构批准的蓄水调度运行方案。

地下水取水工程(设施)，还应当提交包括成井抽水试验综合成果图、水质分析报告等内容的施工报告。

注：

1. 建设项目的批准或者核准文件、取水申请批准文件，取水许可审批机关通过政务服务平台系统能够获取，可不提供。

2. “(四)取水计量设施的信息、照片及检定校准证明材料”应包括以下内容：

(1)计量方式：包括管道计量、明渠计量、其他(以电折水等方式)；

(2)计量设备(设施)类型：包括超声波流量计、电磁流量计、机械水表、电子水表、水位计、闸位计、功率表(泵、机组)以及其他类型，“其他类型”请按实际情况填写；

(3)一次计量量纲：指计量设施传感器直接获取的信号物理量类型，主要包括时段累计水量、瞬时流量、水位、电功率、闸位、时段总耗电量以及其他类型，“其他类型”请按实际情况填写；

(4)数据传输方式：包括在线和非在线两种；

(5)计量设施型号:按照实际填写,采用“其他计量”类型的不填;

(6)计量设施出厂序列号:指验证计量设施合法身份的计量设施出厂编号,采用“其他计量”类型的不填;

(7)计量设施检验合格日期:按年、月、日填写,采用“折算方式”的不填;

(8)计量设施照片:反映监测计量设施安装位置及周围环境的照片和计量设施表盘的照片各 1 张,采用 JPG 格式,单张照片分辨率不低于 300 dpi,不超过 5 M。

<table>
<tr><td colspan="2">法定代表人</td><td></td><td colspan="2">统一社会信用代码
（身份证号码）</td><td></td></tr>
<tr><td colspan="2">联系人</td><td></td><td colspan="2">手机号码</td><td></td></tr>
<tr><td colspan="2">取水许可审批文号</td><td colspan="4"></td></tr>
<tr><td>序号</td><td>核验内容</td><td>取水工程（设施）有关事项变化情况</td><td colspan="2">是/否</td><td>具体变化情况</td></tr>
<tr><td rowspan="6">1</td><td rowspan="6">取水工程（设施）的建设和试运行情况</td><td>取水水源是否发生变化</td><td colspan="2">□是
□否</td><td></td></tr>
<tr><td>取水地点是否发生变化</td><td colspan="2">□是
□否</td><td></td></tr>
<tr><td>取水量是否发生变化</td><td colspan="2">□是
□否</td><td></td></tr>
<tr><td>取水方式是否发生变化</td><td colspan="2">□是
□否</td><td></td></tr>
<tr><td>取水用途是否发生变化</td><td colspan="2">□是
□否</td><td></td></tr>
<tr><td>取水工程（设施）设计取水能力是否发生变化</td><td colspan="2">□是
□否</td><td></td></tr>
<tr><td rowspan="3">2</td><td rowspan="3">取水计量设施建设及运行情况</td><td>取水计量设施是否按审批要求进行配备和安装</td><td colspan="2">□是
□否</td><td></td></tr>
<tr><td>取水计量设施是否进行检定校准</td><td colspan="2">□是
□否</td><td></td></tr>
<tr><td>取水计量设施是否正常运行</td><td colspan="2">□是
□否</td><td></td></tr>
<tr><td rowspan="3">3</td><td rowspan="3">节水设施建设和试运行情况</td><td>节水设施是否按审批要求进行建设</td><td colspan="2">□是
□否</td><td></td></tr>
<tr><td>节水设施是否正常运行</td><td colspan="2">□是
□否</td><td></td></tr>
<tr><td>用水指标是否符合审批要求</td><td colspan="2">□是
□否</td><td></td></tr>
<tr><td rowspan="3">4</td><td rowspan="3">退水情况</td><td>退水地点是否发生变化</td><td colspan="2">□是
□否</td><td></td></tr>
<tr><td>退水量是否发生变化</td><td colspan="2">□是
□否</td><td></td></tr>
<tr><td>退水水质是否符合水功能区水质达标要求</td><td colspan="2">□是
□否</td><td></td></tr>
</table>

(2)建设项目的批准或者核准文件。

建设项目的批准或者核准文件复印件1份。

(3)取水申请批准文件。

取水申请批准文件复印件1份。

(4)取水工程(设施)图件。

取水工程(设施)的地形图,竣工后的取水工程(设施)平面布置图、管线布置图、配置图等复印件1份。

(5)取水计量设施的信息、照片及检定校准证明材料。

取水计量设施的信息、照片及检定校准证明材料复印件1份。

(6)试运行期间的取水量、退水量及水质监测报告。

试运行期间的取水量、退水量及水质监测报告复印件1份。

(7)取水工程(设施)建设和试运行情况报告。

取水工程(设施)建设和试运行情况报告原件1份。模板如下:

________________(取水单位或者个人)
关于________取水工程(设施)建设和试运行情况报告

1. 建设项目概况

________(项目名称)取水工程(设施)位于重庆市________区县(自治县)________乡(镇、街道)________村(社区)____(小地名)。取水水源为________。申请年取水量________万 m^3。取水用途为________。取水方式为________。

________取水工程(设施)于________年____月____日获得批复(批复文号:________)。工程于________年____月____日建设完成。自________年____月____日起开始试运行,试运行期间各项设施及计量设备运行良好。

2. 取退水设施建设及运行情况

本项目取退水设施已建设完成,试运行期间运行正常。取水水源、取水量、取水地点、取水用途、取水方式及退水地点、退水方式等取水要素均未发生变化。

3. 取水量及台账建立情况

建设项目施工期和试运行期以来总取水量为________万 m^3，并按要求逐月建立了取水台账。

表 1 ________年____月取水日志

单位：m^3

日期	起数	止数	实际取水量	记录人	备注

4. 取水工程(设施)安装运行情况

我单位取水工程涉及______个取水口，已安装了______套计量设施，计量设施坐标(分别)为(坐标：东经______°______′______″，北纬______°______′______″)……，类型(分别)为______、______……，型号(分别)为______、______……，同时安装了取水标识牌。现场照片如下：”

图 1 计量设施安装照片(略)

图 2 标识牌安装照片(略)

取水计量设施于________年_____月_____日经过了检定或校准，符合国家相关计量要求。取水计量设施有专人进行维护，运行良好。取水计量设施________（已/未）实现在线计量，实时在线监测信息________（已/未）接入国家水资源管理系统。

5. 节水、水资源保护及废污水处理措施落实情况

在用水过程中，采用了________措施以节约用水，节水情况良好。采用了________措施以保护水资源，水资源情况良好。采用了________措施处理废污水。

6. 生态流量下泄保障措施情况(水库和水电站等蓄水工程)

本工程采用了________措施实施生态流量的下泄，最小下泄生态流量________ m^3/s，满足生态流量相关要求。

7. 对第三方造成的影响及补偿落实情况

无影响及补偿情况：在取水影响范围内，本工程取水并未对第三方取水单位或者个人造成影响，不存在补偿问题。

（有影响及补偿情况：在取水影响范围内，对第三方取水单位或者个人存在一定的影响。本工程已与相关第三方达成协议，并承诺，若遇到特殊枯水期，优先满足第三方的取水需求，若有余量，本项目再进行取水。若发生用水冲突，及时向相关单位报告，并妥善协商解决相关事宜。）

____________（取水单位盖章或者个人签字）

年　月　日

2. 取水工程(设施)取水验收

取水审批机关组织开展现场验收工作，成立验收组，填写验收表。对验收合格的，应当核发取水许可证；对验收不合格的，取水审批机关出具取水工程（设施）限期整改通知书，申请人按要求限期整改。取水工程（设施）取水验收表和取水工程（设施）限制整改通知书模板如下。

1）取水工程（设施）取水验收表

取水工程（设施）取水验收表如下页所示。

________（水行政主管部门）
关于________取水工程（设施）取水验收表

<table>
<tr><td>取水单位（个人）</td><td colspan="2"></td><td>法定代表人</td><td></td></tr>
<tr><td>联系人</td><td colspan="2"></td><td>联系电话</td><td></td></tr>
<tr><td>取水地点</td><td colspan="4">________区县（自治县）________乡（镇、街道）________村（社区）________（小地名）</td></tr>
<tr><td>取水用途</td><td colspan="4">□生活用水 □工业用水 □农业用水 □发电 □其他________</td></tr>
<tr><td>水源类型</td><td colspan="2">□地表水 □地下水
□其他________</td><td>取水方式</td><td>□蓄水 □引水
□提水 □水井
□其他______</td></tr>
<tr><td>设计取水量（万 m³/年）</td><td colspan="2"></td><td>计量方式</td><td>□在线
□非在线</td></tr>
<tr><td>装机（万 kW）</td><td colspan="2"></td><td>设计发电量（kW·h/年）</td><td></td></tr>
<tr><td>序号</td><td>验收内容</td><td>验收标准</td><td>是/否</td><td>情况说明</td></tr>
<tr><td rowspan="4">1</td><td rowspan="4">取水标的</td><td>1. 取水地点符合审批规定</td><td>□是 □否</td><td></td></tr>
<tr><td>2. 取水量（能力）符合审批规定</td><td>□是 □否</td><td></td></tr>
<tr><td>3. 取水方式符合审批规定</td><td>□是 □否</td><td></td></tr>
<tr><td>4. 取水用途符合审批规定</td><td>□是 □否</td><td></td></tr>
<tr><td>2</td><td>取水计量设施安装及运行情况</td><td>安装符合要求并正常运行，接入国家水资源管理系统</td><td>□是 □否</td><td></td></tr>
<tr><td>3</td><td>节水措施</td><td>严格落实“节水三同时”，节水措施符合审批规定</td><td>□是 □否</td><td></td></tr>
<tr><td>4</td><td>污水处理措施落实情况</td><td>退水方案符合审批规定</td><td>□是 □否</td><td></td></tr>
<tr><td>5</td><td>取退水水质情况</td><td>取退水监测结果满足要求</td><td>□是 □否</td><td></td></tr>
<tr><td>6</td><td>生态流量</td><td>有下泄生态流量的工程措施和管理措施</td><td>□是 □否</td><td></td></tr>
<tr><td colspan="2">验收结论</td><td colspan="3">□合格
□不合格，原因：________________</td></tr>
<tr><td colspan="2">验收组成员签字</td><td colspan="3">水行政主管部门：
取水单位（个人）：
其　　他：</td></tr>
<tr><td colspan="2">验收组组长签字</td><td colspan="3"></td></tr>
</table>

年　月　日

2)取水工程(设施)限期整改通知书

模板如下:

____________(水行政主管部门)

关于______________(取水单位或者个人)

取水工程(设施)限期整改的通知

________________(取水单位或者个人):

我单位于______年______月______日,组织对你单位的取水工程(设施)进行了现场验收。经验收,存在以下问题:

一是________________________________

二是________________________________

……

你单位应于本通知下发之日起30个工作日内完成整改,并重新申请验收。

附件:______(水行政主管部门)关于______取水工程(设施)取水验收表

________(水行政主管部门盖章)

年　月　日

5.2.1.2 取水许可证发放

对取水工程(设施)验收合格的,申请人在"渝快办"线上申请办理取水许可电子证照,需提交以下材料扫描件:

(1)取水许可证申领表(原件);

(2)取水单位或者个人身份证明文件(复印件);

(3)取水工程(设施)立项批复文件(复印件);

(4)取水工程(设施)取水许可申请批复文件(复印件);

(5)取水工程(设施)水资源论证报告书(表)审查意见(复印件);

(6)取水工程(设施)建设和试运行情况报告(原件);

(7)取水水源水质检测报告(复印件)。

经审核无误后,审批机关办理并发放取水许可证电子证照,向取水申请人出具颁发取水许可证的通知。模板如下:

________(水行政主管部门)
关于颁发________(取水单位或者个人)
________取水工程(设施)取水许可证的通知

________(取水单位或者个人):

你单位关于________取水工程(设施)取水许可证办理相关资料收悉。经审核,你单位提交的材料基本齐全,符合规定要求。根据《取水许可和水资源费征收管理条例》有关规定,并结合取水验收情况,我局同意颁发________取水工程(设施)取水许可证(见附件,通过扫描二维码查询电子证照),编号为:________。现就有关事项通知如下:

一、本工程从________取水,主要用途为________(生活用水/工业用水/农业用水/发电/其他),年取水许可量为________万 m^3。

二、________取水工程(设施)取水许可证的取水许可和水资源费征收日常监督管理工作由我局负责。你单位应在取得取水许可证 30 日内向我局报送本年度的取水计划(表),在每年 12 月 31 日前报送本年度的取水情况总结(表)和下一年度取水计划(表),并严格按照下达的年度取水计划取水。因生产规模调整等特殊原因需要调整年度取水计划时,应当报经我局批准。你单位应按有关规定,按________(季/月)向我局足额缴纳水资源费。

三、你单位应定期对本工程取水计量设施进行检定或者校准,保证计量设施正常使用和量值的准确、可靠;应将本工程取水计量监测信息接入国家水资源管理系统,并保障数据传输设施正常运行。

四、你单位应做好本工程节约用水工作,规范建立取水台账,并加强供水设施的维护管理,减少水的漏失。

五、本工程取水许可证有效期为____年____月____日至____年____月____日;有效期届满,若需要延续,应当在有效期届满45日前向我局提出延续取水申请。在取水许可证有效期限内,若取(退)水地点、取(退)水量、取水用途或者取水水源发生改变,应按有关规定重新办理取水许可手续;若取水单位名称或法人代表变更,应向我局提出变更申请,并办理变更手续。

附件:________取水许可证

____________(水行政主管部门盖章)

年　　月　　日

(联系人:____________,联系电话:____________)

5.2.2　取水许可证延续

取水单位或者个人在取水许可证有效期届满45日前向原审批机关提出取水许可证延续申请,在"渝快办"线上提交取水许可电子证照延续申请。审批机关应当对原批准的取水量、实际取水量、节水水平和退水水质状况以及取水单位或者个人所在行业的平均用水水平、当地水资源供需状况等进行全面评估,在取水许可证届满前决定是否批准延续。批准延续的,应当核发新的取水许可证;不批准延续的,应当书面说明理由。

取水单位或者个人逾期不办理延续申请手续的,取水许可证期满自行注销。

5.2.2.1　延续取水申请资料

延续取水申请材料共3项:①延续取水申请书;②取水计量设施检定或校准的证明文件;③取水单位或者个人法定身份证明文件。各申请材料要求如下。

1. 延续取水申请书

延续取水申请书如下页所示。

延续取水申请书

申请人(盖章)____________________

申　请　日　期____________________

中华人民共和国水利部监制

填表说明

根据《取水许可和水资源费征收管理条例》规定，取水单位或者个人应当在有效期届满45日前，到原审批机关办理延续取水申请手续。取水单位或者个人申请办理延续取水时，填写此表。

取水单位或者个人逾期不办理延续申请手续的，取水许可证期满自行注销。

当取水量、取水水源、取水地点、取水用途发生较大变化的，需重新进行建设项目水资源论证，并重新申请取水。

(1)原取水许可证载明情况：如从网上填表，系统将自动读取原取水许可证的信息；手动填表由申请人根据原取水许可证信息填写。

(2)取用水有关情况说明：包括有效期内年实际取用水量、取用水监测计量设施运行情况、取用水变化情况等，并说明在取水许可证有效期内，是否存在违反《中华人民共和国水法》《取水许可和水资源费征收管理条例》规定的取用水行为。

(3)有效期内各年实际取用水量：按法定计量器具计量数据填写，单位为万 m^3/年。

(4)取用水监测计量设施运行情况：应提供取用水计量器具检定或校准的证明文件。

(5)延续申请取水量：填写申请延续的取水量，应小于或等于原许可取水量，单位为万 m^3/年。

(6)延续申请取水期限：申请延续取水期限，填写年月日。

<table>
<tr><td colspan="6">一、原取水许可证载明情况</td></tr>
<tr><td>取水单位
（或个人姓名）</td><td colspan="2"></td><td>统一社会信用代码
（或身份证号码）</td><td colspan="2"></td></tr>
<tr><td>取水地点</td><td colspan="2">________区县（自治县）________乡（镇、街道）________村（社区）________（小地名）</td><td>水源类型</td><td colspan="2">□地表水
□地下水
□其他________</td></tr>
<tr><td>取水类型</td><td colspan="2">□蓄水 □引水
□提水 □地下水井
□其他________</td><td>取水用途</td><td colspan="2">□生活用水
□工业用水
□农业用水
□发电
□其他________</td></tr>
<tr><td>年取水量</td><td colspan="2">________万 m³</td><td>有效期限</td><td colspan="2">年 月 日</td></tr>
<tr><td colspan="6">二、取用水有关情况说明</td></tr>
<tr><td rowspan="2">有效期内各年实际取水量(万 m³/年)</td><td>第 1 年</td><td>第 2 年</td><td>第 3 年</td><td>第 4 年</td><td>第 5 年</td></tr>
<tr><td></td><td></td><td></td><td></td><td></td></tr>
<tr><td rowspan="2">设计生产规模以及主要生产用水技术、工艺、设备是否有变化</td><td colspan="5">□是 □否</td></tr>
<tr><td colspan="5">具体变化情况：</td></tr>
<tr><td rowspan="2">取水水源、取水地点、取水工程（设施）、取水用途是否有变化</td><td colspan="5">□是 □否</td></tr>
<tr><td colspan="5">具体变化情况：</td></tr>
</table>

<table>
<tr><td rowspan="7">取用水监测计量设施运行情况</td><td>监测计量设施正常运行情况</td><td>□是 □否</td></tr>
<tr><td rowspan="3">取水计量器具定期进行检定或校准情况</td><td>□是 □否
上传检定或校准的证明文件</td></tr>
<tr><td>检定或校准的部门：</td></tr>
<tr><td>最近一次检定或校准时间：
年 月 日</td></tr>
<tr><td rowspan="2">在取水许可有效期内是否发生过计量器具安装位置的拆改挪移或计量方式的调整或计量器具的更换</td><td>□是 □否</td></tr>
<tr><td>具体调整情况：</td></tr>
<tr><td colspan="2">计量设施的维护方式：□自维护 □第三方维护
□政府组织维护</td></tr>
<tr><td rowspan="2">是否存在违反《中华人民共和国水法》《取水许可和水资源费征收管理条例》规定的取用水行为</td><td colspan="2">□是 □否</td></tr>
<tr><td colspan="2">具体违法行为：</td></tr>
<tr><td colspan="3">三、申请的取水量和期限</td></tr>
<tr><td>延续申请取水量</td><td colspan="2">____万 m^3/年</td></tr>
<tr><td>延续申请取水期限</td><td colspan="2">年 月 日至 年 月 日</td></tr>
</table>

2. 取水计量设施检定或校准的证明文件

由具有相应资质的机构出具的设施检定或校准的证明文件复印件1份。

3. 取水单位或者个人法定身份证明文件

取水单位或者个人的营业执照、身份证等复印件1份。

5.2.2.2 审批机关延续取水决定

审批机关根据评估情况，对符合延续取水申请要求的，作出同意延续取水的决定。模板如下：

________(水行政主管部门)
关于同意________取水工程(设施)延续取水的决定

________(取水单位或者个人):

你单位报送的________取水工程(设施)延续取水申请材料已收悉。根据《取水许可和水资源费征收管理条例》和《取水许可管理办法》的相关规定,我局对你单位提交的延续取水申请资料进行了评估,现将有关事项通知如下:

一、同意你单位________取水工程(设施)延续取水,并颁发新取水许可电子证照;同意你单位取(退)水地点、取(退)水量、取水用途和取水水源维持不变,核定本工程年取水许可量为________万 m^3。

二、你单位需配合我局做好取水许可日常监督管理相关工作,并严格按照有关规定足额缴纳水资源费。

三、你单位应在每年 12 月 31 日前向我局报送年度取水情况总结(表)和下一年度的取水计划建议(表),严格按照下达的年度取水计划取水,因特殊原因需要调整年度取水计划时,应当报经我局批准。

四、本次换发的取水许可证有效期为________年____月____日至________年____月____日;有效期届满,需要延续取水时,你单位应当按照有关规定在有效期届满 45 日前向我局提出延续取水申请。

五、在本次换发的取水许可证有效期限内,若取(退)水地点、取(退)水量、取水用途或者取水水源发生改变,应按有关规定重新办理取水许可手续;若取水单位名称或法人代表变更,应向我局提出变更申请,并办理变更手续。

附件:________取水许可证

__________(水行政主管部门盖章)

年　月　日

(联系人:________联系电话:______________)

5.2.3　取水许可证变更

取水许可证变更分为重大变更与一般变更。重大变更主要指取水量或者取水用途发生改变,取水水源或取水地点发生改变,退水地点、退水量或退水方式发生改变,以及退水中所含主要污染物及污水处理措施发生变化的。一般变更主要指登记人信息变更,如单位名称、法人代表姓名等变更。

5.2.3.1　取水许可证重大变更

取水许可证重大变更与取水许可证新发程序一致,包括水资源论证、取水申请、审批、验收、发证。

5.2.3.2　取水许可证一般变更

取水许可证一般变更只需在"渝快办"线上提交取水许可电子证照变更申请,申请材料共 2 项:①取水许可变更申请书;②变更事项证明材料。

1. 取水许可变更申请书

取水许可变更申请书要求提交原件 2 份。模板如下:

取水许可变更申请书

申请人(盖章)______________________

申 请 日 期______________________

中华人民共和国水利部监制

填表说明

根据《取水许可和水资源费征收管理条例》和《取水许可管理办法》有关规定,在取水许可证有效期限内,取水单位或者个人需要变更其名称(姓名)的,或者因取水权转让需要办理取水权变更手续的,应当持法定身份证明文件和有关取水权转让的批准文件,向原取水审批机关提出变更申请。取水单位或者个人申请办理变更手续时,填写此表。

当取水量、取水水源、取水地点、取水用途发生较大变化,或者由于取水行为的变化对第三方产生影响的,需重新进行建设项目水资源论证,并重新申请取水。

1. 变更类型:按照不同的变更类型勾选。

(1)取水单位或者个人名称变更或有关基本信息变更:是指取水单位或者个人的名称发生变更,或法定代表人、住所(住址)等信息发生变化。

(2)取水权变更:是指取水单位或者个人通过调整产品和产业结构、改革工艺、节水等措施节约水资源的,在取水许可的有效期和取水限额内,经原审批机关批准,依法有偿转让其节约的水资源,因取水权转让需要变更原许可取水量。

(3)其他变更:写明具体的变更情况。

2. 变更事项:原取水许可证信息由系统自动读取,申请人根据要变更的事项填写变更后的信息。

3. 变更事项的证明材料:取水单位或者个人名称变更或有关基本信息变更的应提供法定身份证明文件以及其他有关证明文件,从国家政务服务平台申请的,由平台完成身份核验。取水权变更的应提供取水权转让的批准文件以及其他有关证明文件。

<table>
<tr><td>变更类型</td><td colspan="3">□取水单位或者个人名称变更或有关基本信息变更
□取水权变更
□其他____________________</td></tr>
<tr><td rowspan="8">变更事项</td><td>项目</td><td>原取水许可证信息</td><td>变更后信息</td></tr>
<tr><td>单位名称
(或个人名称)</td><td></td><td></td></tr>
<tr><td>法定代表人</td><td></td><td></td></tr>
<tr><td>住所(住址)</td><td></td><td></td></tr>
<tr><td>年取水量</td><td></td><td></td></tr>
<tr><td>其他指标 1</td><td></td><td></td></tr>
<tr><td>其他指标 2</td><td></td><td></td></tr>
<tr><td>...</td><td></td><td></td></tr>
<tr><td colspan="4">变更事项的证明材料</td></tr>
<tr><td colspan="4">□法定身份证明文件
□取水权转让的批准文件
□其他____________________</td></tr>
</table>

2. 变更事项证明材料

变更事项证明材料要求提交复印件 1 份。证明材料为变更信息的相关法定证明文件,包括变更后的法定证件(法人证书/身份证/营业执照)和项目变更的相关佐证材料(如取水权转让的批准文件等)。

5.2.4 取水许可证注销

当出现以下 2 种情形时,注销取水许可证:

(1)取水工程(设施)关停或取缔不再取水的;

(2)连续停止取水满 2 年的(由于不可抗力或者进行重大技术改造等原因造成停止取水满 2 年且取水许可证有效期尚未届满的,经原取水审批机关同意,可以保留取水许可证)。

取水许可证注销需在"渝快办"线上提交取水许可电子证照注销申请。

5.2.4.1 取水单位或者个人主动申请注销的

取水单位或者个人主动申请注销的,提供取水许可证注销申请书原件 1 份,经审批机关审核同意注销的,出具同意取水许可证注销的决定。注销申请书和决定模板如下:

1. 取水许可证注销申请书

取水许可证注销申请书如下页所示。

取水许可证注销申请书

申请人(盖章)________________

申 请 日 期________________

中华人民共和国水利部监制

单位名称 （或个人名称）		取水许可证编号	
法定代表人		统一社会信用代码 （或身份证号码）	
联系人		联系人手机号	
申请注销理由			

2. 取水许可证注销决定

经审批机关审核同意注销的，出具同意取水许可证注销的决定。模板如下：

________________（水行政主管部门）关于同意注销________________取水工程（设施）取水许可证的决定

____________________（取水单位或者个人）：

你单位提交的“取水许可证注销申请书”收悉。你单位已于________年____月关停不再取水，并取缔相应的取水工程（设施）与监测设备。按照《取水许可和水资源费征收管理条例》《取水许可管理办法》相关要求，同意你单位注销取水许可证（编号：________________）。

____________（水行政主管部门盖章）

年　月　日

5.2.4.2　取水单位或者个人不主动申请注销的

对于取水工程（设施）连续停止取水满 2 年和关停或取缔不再取水，取水单位或者个人不主动申请注销的，经审批机关综合评估，符合取水许可证注销规定的，审批机关向取水单位或者个人作出取水许可证注销的决定。模板如下：

________(水行政主管部门)关于注销________取水工程(设施)取水许可证的决定

________(取水单位或者个人):

你单位________取水工程(设施)于________年____月关停不再取水,已连续停止取水满2年,按照《取水许可和水资源费征收管理条例》《取水许可管理办法》的相关规定,现作出注销你单位________取水工程(设施)取水许可证(编号:________)的决定,你单位需在接收到本决定60日内取缔相应的取水工程(设施)与监测设备。

________(水行政主管部门盖章)

年　月　日

5.3 取水总结与计划

取水单位或者个人应于每年12月31日前填报本年度取水总结与下一年度取水计划申请。审批机关应对取水单位或者个人提交的取水总结及取水计划申请进行审核,要求按照行业用水定额和近3年取水单位或者个人的实际取用水情况核定当年取水计划量,于1月31日前向取水单位或者个人下达当年的取水计划批复。取用水总结表、取水计划申报表和取水计划批复模板如下。

5.3.1　取用水总结表

________________工程______年度

取用水总结表

（试　行）

取水许可证编号：

取水单位（个人）

（　印　章　）：

填　报　人：

联　系　方　式：

填　报　日　期：　　　　年　　　　月　　　　日

填表说明

一、封面的“取水单位(个人)”,对照取水许可证登记的取水权人名称填写;若已发生变更,对照营业执照、统一社会信用代码证登记的新取水单位(个人)名称填写。

二、取水许可批复年取水量:是指取水许可证上允许的最大年取水量。

三、本年度计划水量:是指经水行政主管部门批复的本年度的计划取水量。

四、工业取水主要产品用水定额:根据工业企业的实际生产类型,参照《重庆市第二三产业用水定额》(2020年版)确定的定额填写主要产品的用水定额。

五、农田灌溉毛定额:是指从灌溉系统首部取水量与实际灌溉面积的比值。

六、本表中年度取用水情况涉及不同用途取水,根据实际取用水用途进行填写。发电取水呈报量为水力发电项目填写,其余指标项均为必填项。若建设项目不涉及指标,填写/。

<table>
<tr><td colspan="7">基本情况</td></tr>
<tr><td colspan="2">水源类型</td><td colspan="2">□蓄水 □引水 □提水
□地下水井 □其他________</td><td colspan="2">取水许可批复年取水量</td><td>________万 m^3</td></tr>
<tr><td colspan="2">本年度计划水量</td><td colspan="2">________万 m^3</td><td colspan="2">本年度总用水量</td><td>河道内________万 m^3
河道外________万 m^3</td></tr>
<tr><td colspan="2">取水(发电)呈报量</td><td colspan="2">水量________万 m^3
电量________ kW·h</td><td colspan="2">本年度缴纳水资源费</td><td>________元</td></tr>
<tr><td colspan="2">计量设施正常运行</td><td colspan="2">□是
□否(说明)________</td><td colspan="2">在线监测正常运行</td><td>□是
□否(说明)________</td></tr>
<tr><td colspan="7">年度取用水情况</td></tr>
<tr><td>□生活取水</td><td>年取水量</td><td>______万 m^3</td><td>供水人口</td><td>______人</td><td>用水定额</td><td>______ L/(人·天)</td></tr>
<tr><td rowspan="2">□工业取水</td><td>年取水量</td><td>______万 m^3</td><td>水重复利用率</td><td>______%</td><td>万元产值取水量</td><td>______ m^3/万元</td></tr>
<tr><td>主要产品用水定额</td><td colspan="5"></td></tr>
<tr><td>□农业取水</td><td>年取水量</td><td>______万 m^3</td><td>实际灌溉面积</td><td>______亩</td><td>农田灌溉毛定额</td><td>______ m^3/亩</td></tr>
<tr><td>□发电取水</td><td>年取水量</td><td>______万 m^3</td><td>年发电总量</td><td>____ kW·h</td><td>发电用水定额</td><td></td></tr>
<tr><td>□其他取水</td><td>年取水量</td><td>______万 m^3</td><td>用水定额</td><td></td><td>用途说明</td><td></td></tr>
<tr><td colspan="2">批复生态流量</td><td>______ m^3/s</td><td>当年最小下泄流量</td><td colspan="3">________ m^3/s</td></tr>
<tr><td colspan="7">用水总结</td></tr>
<tr><td colspan="7">取水总量满足要求:□是 □否(说明)________________
用水定额满足要求:□是 □否(说明)________________
生态流量满足要求:□是 □否(说明)________________
计量监测满足要求:□是 □否(说明)________________
水资源费按时足额征收:□是 □否(说明)________________</td></tr>
</table>

5.3.2 取水计划申报表

____________工程______年度

取水计划申报表

(试　行)

取水许可证编号：

取水单位(个人)

(　印　章　)：

填　报　人：

联　系　方　式：

填　报　日　期：　　　年　　　月　　　日

填表说明

一、封面的“取水单位(个人)”,对照取水许可证登记的取水权人名称填写;若已发生变更,对照营业执照、统一社会信用代码证登记的新取水单位(个人)名称填写。

二、取水许可批复年取水量:是指取水许可证上允许的最大年取水量。

三、下年度计划取水量:是指用水户根据用水情况,申报下一年度的计划取水量,不超过取水许可批复年取水量。

四、对水力发电项目,需填写下年度计划发电量。

五、本表中计划年取水情况涉及不同用途取水,根据实际取水用途进行填写。若建设项目不涉及指标,填写/。

<table>
<tr><td colspan="5">基本情况</td></tr>
<tr><td>水源类型</td><td colspan="2">□蓄水 □引水 □提水
□地下水井 □其他________</td><td>取水许可批复
年取水量</td><td>________万 m^3</td></tr>
<tr><td>下年度计划
取水量</td><td colspan="2">________万 m^3</td><td>下年度计划
发电量</td><td>电量______kW·h</td></tr>
<tr><td colspan="5">年度取用水计划申请</td></tr>
<tr><td>□生活取水</td><td>计划年
取水量</td><td>________万 m^3</td><td>计划供水
人口</td><td>________人</td></tr>
<tr><td>□工业取水</td><td>计划年
取水量</td><td>________万 m^3</td><td>计划主要产品
与年产量</td><td></td></tr>
<tr><td>□农业取水</td><td>计划年
取水量</td><td>________万 m^3</td><td>计划灌溉
面积</td><td>________亩</td></tr>
<tr><td>□发电取水</td><td>计划年
取水量</td><td>________万 m^3</td><td>计划年发电
总量</td><td>________kW·h</td></tr>
<tr><td>□其他取水</td><td>计划年
取水量</td><td>________万 m^3</td><td>用途说明</td><td></td></tr>
<tr><td colspan="5">其他需要说明的事项</td></tr>
<tr><td colspan="5"></td></tr>
</table>

5.3.3 取水计划批复

________________(水行政主管部门)
关于辖区内取水单位或者个人_____年度
取水计划的批复

各取水单位或者个人:

你们报送的______年度取水计划申请材料收悉,为落实最严格水资源管理制度,强化用水总量和用水效率双控制,根据《中华人民共和国水法》《取水许可和水资源费征收管理条例》和《取水许可管理办法》等法律法规,以及有关文件要求,经审核,现下达你单位______年度取水计划(见附件),并将有关事项批复如下:

一、你们应严格执行取水计划,严格控制单位取水量,因扩大生产等特殊原因需要调整年度取水计划的,应及时报我局批准。对超计划取水部分按照累进加价原则加收水资源费。对超许可取水的应按有关法律法规规定重新办理取水许可手续。

二、你们应加强取用水管控,严格用水定额管理,健全管理制度,做好日常管理工作,建立用水台账,实行计量取水,确保取水计量设施正常使用,责任明确到人,做到计划用水、节约用水。

三、你们要高度重视节水设备和节水技术的开发利用,积极开展水的循环利用、一水多用、中水回用及水平衡测试工作,不断提高用水效率。

附件:________取用水计划表

____________(水行政主管部门盖章)

年　月　日

附件

______区县（自治县）辖区内取水单位或者个人
____年度取用水计划表

序号	取水单位或者个人名称	取水许可证编号	取水用途	许可水量（万 m^3）	取水计划申请水量（万 m^3）	取水计划批复水量（万 m^3）	定额管控指标	备注

5.4 取水台账

取水单位或者个人应按实际取水情况逐月记录取水量，建立取水台账。确保年度取水量在批准的年度取水计划范围内。

区县水行政主管部门每年需填报辖区内管理权限的所有取水单位或者个人取水管理台账汇总表。

5.4.1 取水管理台账(取水单位或者个人)

取水单位或者个人每年建立取水管理台账。模板如下：

______年度____________(取水单位或者个人)

取水管理台账

取水许可证号					
许可水量(万 m^3/年)			本年度计划取水量(万 m^3)		
月份	取水量(万 m^3)	呈报水量(万 m^3)	呈报电量(kW·h)	征收标准	缴纳水资源费(元)
1					
2					
3					
一季度					
4					
5					
6					
二季度					
7					
8					
9					

三季度					
10					
11					
12					
四季度					
年度 总计					

填表说明：

1. 取水许可证号及许可水量需根据有效的取水许可电子证照相关内容填写；

2. 本年度计划取水量根据下达的取水计划批复填写；

3. 按取水量征收水资源费的取水单位或者个人填写“呈报水量”数据，按发电量征收水资源费的取水单位或者个人填写“呈报电量”数据。

填报人：　　　　　　　取水单位负责人：　　　　　　　填报单位：（加盖公章）

填报时间：　　年　　月　　日

5.4.2　取水管理台账（水行政主管部门）

区县水行政主管部门每年需填报辖区内管理权限的所有取水单位或者个人取水管理台账。模板如下：

________(水行政主管部门)____年度取水管理台账

单位：取水量(万 m^3)或发电量(kW · h)

序号	取水单位名称	取水许可证编号	许可水量	取水计划批复水量	水资源费征收方式(取水量或发电量)	实际取水量(发电量)												总计	是否超证超计划
						1月	2月	3月	4月	5月	6月	7月	8月	9月	10月	11月	12月		
1																			
2																			
3																			
4																			
5																			
6																			
7																			
8																			
9																			
10																			
11																			
12																			
⋮																			

填表说明：1.“水资源费征收方式”栏目填写要求，根据取水单位或个人实际征收方式选填“取水量或发电量”；

2.“实际取水量(发电量)”栏目填写要求，对于水电站等以发电量征收水资源费的需对应填写逐月实际发电量，对于以取水量征收水资源费的需对应填写逐月实际取水量。

5.5 取水检查

根据《水资源管理监督检查办法(试行)》,结合年度重点工作,确定取水检查的重点、内容、方式等。

5.6 取水许可档案

5.6.1 档案要求

(1)水行政主管部门和取水单位或者个人,要求做到“一证一档”;

(2)建立档案清单目录;

(3)建立电子档案。

5.6.2 资料清单

5.6.2.1 主体项目资料

(1)项目立项批复相关文件;

(2)企业节水技改项目申报、竣工验收、完成报告等资料。

5.6.2.2 取水许可审批资料

(1)取水许可电子证照复印件;

(2)水资源论证报告书(表)、专家审查意见;

(3)取水许可申请书、取水许可审批文件;

(4)取水许可证申领表、取水工程(设施)建设和试运行情况报告、取水工程(设施)取水验收表;

(5)计量器具出厂合格证书、最近连续两个周期的检定(测试、校准)合格证书、计量设施维修或更换记录;

(6)取水许可证变更申请、审批材料;

(7)延续取水申请资料、审批材料。

5.6.2.3 日常管理资料

(1)取水单位年度取水总结表、年度取水计划申请表及取水计划

批复(近三年);

(2)取水管理台账表(近三年);

(3)非税收入一般缴款书(近三年);

(4)生态流量泄放方案和泄放情况(近三年);

(5)水行政主管部门监督检查发现问题及整改情况资料(近三年);

(6)工业企业水平衡测试报告(最新版)。

5.6.3 电子档案

对应纸质档案情况,建立"一证一档"电子信息档案。

5.7 取水口标识牌

主要指取水口所在位置处的标识牌。

5.7.1 尺寸

标识牌主体为长方形,尺寸视现场情况确定,一般长 1 200~2 000 mm,宽 750~1 500 mm。

5.7.2 颜色

取水口标识牌颜色与周边环境保持协调,一般分褐、蓝两种。取水口位于景区及附近建议采用褐色,取水口位于其他地方建议采用蓝色。

5.7.3 内容

正面内容:标识牌名称、"十六字"治水思路、取水许可管理主要信息(取水许可电子证照编号、取水单位或者个人名称、取水地点、水源类型、取水用途、安全责任人、取水审批机关、取水单位或者个人联系电话、取水监督电话),警示信息(未经允许严禁入内、禁止破坏、注意安全、禁止乱扔垃圾)。

背面内容:根据工作需要自行确定。

5.7.4 位置

取水标识牌原则上设置在取水工程(设施)的取水口附近,位置要求合理、醒目。

标识牌样式见图 5-4。

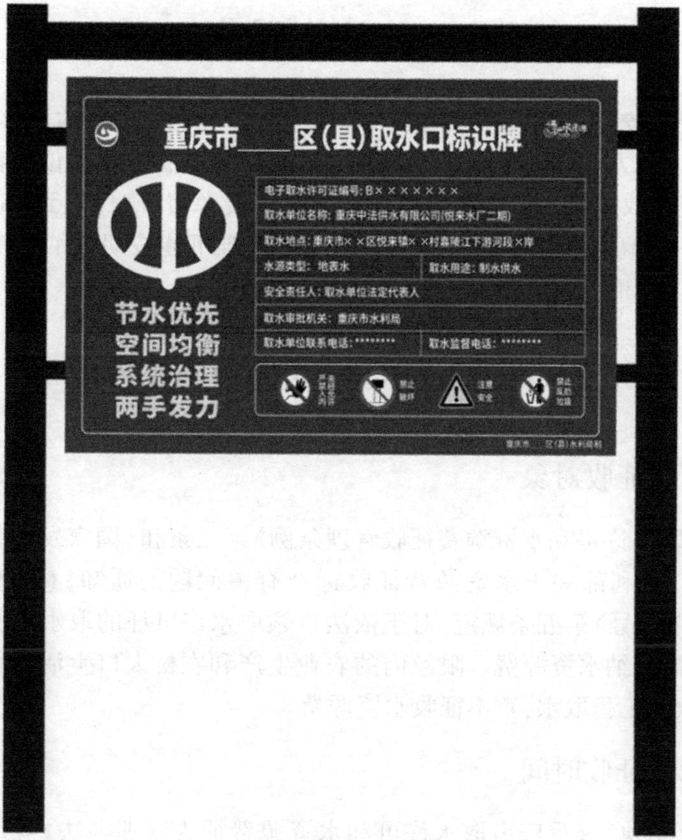

图 5-4 标识牌效果

注:取水许可管理主要信息需与取水许可电子证照信息保持一致。

6　水资源费征缴管理

6.1　总体要求

严格按照《取水许可和水资源费征收管理条例》规定的征收对象、标准、计征方式和程序开展水资源费征收工作，督促取水单位或者个人按时报送取水量（发电量），并足额缴纳水资源费，确保做到“应征尽征”，不得擅自减免、缓征、停征。因特殊困难不能按期缴纳水资源费的，可以申请缓缴，缓缴期限最长不得超过90日。

6.2　征收对象、时间、方式和标准

6.2.1　征收对象

《取水许可和水资源费征收管理条例》第二条和《国家发展改革委 财政部 水利部关于水资源费征收标准有关问题的通知》（发改价格〔2013〕29号）第五条规定：对于依法申领取水许可证的取水单位或者个人，需缴纳水资源费。限额内的农业生产和农村人口生活用水的集中式饮水工程取水，暂不征收水资源费。

6.2.2　征收时间

严格执行《重庆市取水许可和水资源费征收管理办法》规定的水资源费按月或按季征收有关要求。其中，由市级负责征收水资源费的按照月征收；由区县负责征收水资源费的，由区县规定按月或按季征收。

6.2.3 计征方式

水力发电和火力发电贯流式冷却取水按实际发电量计征,其他取水以取水量计征。

6.2.4 征收标准

按照《重庆市物价局 重庆市财政局 重庆市水利局关于调整水资源费收费标准的通知》(渝价〔2006〕136号)《重庆市物价局 重庆市财政局 重庆市水利局关于调整地下水水资源费征收标准的通知》(渝价〔2013〕394号)和《重庆市物价局贯彻国家发展改革委关于降低燃煤发电上网电价和工商业用电价格的通知》(渝价〔2015〕98号)等文件规定,全市水资源费征收标准如下。

一是地表水水资源费执行标准。永川、铜梁、潼南、大足、璧山、荣昌、梁平、垫江等缺水地区为0.12元/m^3,其他地区为0.10元/m^3。

二是地下水水资源费执行标准。永川、铜梁、潼南、大足、璧山、荣昌、梁平、垫江等缺水地区为0.25元/m^3,其他地区为0.20元/m^3。

三是发电取水水资源费执行标准。水力发电和火力发电贯流式冷却取水征收标准为0.005元/(kW·h);火力发电闭式循环取水征收标准按地表水水资源费征收标准执行。

6.3 水资源费征收程序

6.3.1 取水量(发电量)呈报表

各区县水行政主管部门要加强对取水单位或者个人督促指导,要求取水单位或者个人根据计量设施监测数据,于每月10日前报送上月(自然月,即每月1日到最后一日)取水量(发电量)呈报表,并加盖公章。

取水单位或者个人报送取水量(发电量)呈报表时,还需提交相关资料:以取水量作为水资源费计征方式的取水单位或者个人,需提交清晰可读的水表读数照片(注明拍照日期);以发电量作为水资源费计征方式的取水单位或者个人,需提交上网电量结算单复印件、清晰可读的电表读数照片(注明拍照日期)。

取水量(发电量)呈报表模板如下:

________(取水单位或者个人)
______年___月取水量(发电量)呈报表

取水许可证:(填写电子证照编号)　　单位:立方米、千瓦·时

<table>
<tr><td colspan="2">(取水单位或者个人)名称</td><td colspan="3"></td></tr>
<tr><td colspan="2">地　址</td><td colspan="3"></td></tr>
<tr><td colspan="2">水源类型</td><td colspan="3">□地表水　□地下水　□其他______</td></tr>
<tr><td colspan="2">填表人</td><td></td><td>联系电话</td><td></td></tr>
<tr><td colspan="2">水表编号</td><td>本月起数</td><td>本月止数</td><td>取水量</td></tr>
<tr><td rowspan="4">工业取水</td><td>1</td><td></td><td></td><td></td></tr>
<tr><td>2</td><td></td><td></td><td></td></tr>
<tr><td>3</td><td></td><td></td><td></td></tr>
<tr><td>合计Ⅰ</td><td colspan="2"></td><td></td></tr>
<tr><td rowspan="4">生活取水</td><td>1</td><td></td><td></td><td></td></tr>
<tr><td>2</td><td></td><td></td><td></td></tr>
<tr><td>3</td><td></td><td></td><td></td></tr>
<tr><td>合计Ⅱ</td><td colspan="2"></td><td></td></tr>
<tr><td rowspan="4">其他取水</td><td>1</td><td></td><td></td><td></td></tr>
<tr><td>2</td><td></td><td></td><td></td></tr>
<tr><td>3</td><td></td><td></td><td></td></tr>
<tr><td>合计Ⅲ</td><td colspan="2"></td><td></td></tr>
</table>

电表编号		本月起数	本月止数	倍率	发电量
发电量	1 2 3				
	合计				
本月总取水量 V = Ⅰ + Ⅱ + Ⅲ					
备注					

注：1. 取水单位或者个人应在每月 10 日前将此表填写完整并加盖公章，报送至负责征收水资源费的单位；

2. 水源类型栏填写地表水或地下水；

3. 一般取水企业按照取水用途填写相应栏目取水量内容，发电企业须填写发电量。

6.3.2 水资源费缴纳通知书

水资源费征收单位对取水单位或者个人呈报的取水量(发电量)进行认真审核，结合水资源费征收标准，确定水资源费征收数额，按月或按季向取水单位或者个人送达水资源费缴纳通知书。通知书模板如下：

____(水行政主管部门)
关于缴纳水资源费的通知书(存根)

____水资源〔____〕____号

____(取水单位或者个人):

根据《中华人民共和国水法》及其相关法律、法规的规定,请你单位于____年____月____日前,到____(地址:____,电话:____)缴纳____年____月至____月水资源费,如逾期不来办理,我局将按《重庆市取水许可和水资源费征收管理办法》第二十九条之规定,每逾期1日,加收2‰滞纳金。

说明:用转账支票缴费的单位,收款单位请填:____。

(送达方式:邮寄)

____(水行政主管部门)

____年____月____日

____(水行政主管部门)
关于缴纳水资源费的通知书

____水资源〔____〕____号

____(取水单位或者个人):

根据《中华人民共和国水法》及其相关法律、法规的规定,请你单位于____年____月____日前,到____(地址:____,电话:____)缴纳____年____月至____月水资源费,如逾期不来办理,我局将按《重庆市取水许可和水资源费征收管理办法》第二十九条之规定,每逾期1日,加收2‰滞纳金。

说明:用转账支票缴费的单位,收款单位请填:____。

(送达方式:邮寄)

____(水行政主管部门)

____年____月____日

6.3.3 水资源费催缴通知书

取水单位或者个人应当自收到缴纳通知书之日起7日内办理缴款手续。对逾期未缴纳的,取水许可批准部门应向取水单位或者个人书面发送催缴通知书。通知书模板如下:

________________(水行政主管部门)
关于________________(取水单位或者个人)水资源费催缴通知书

________________(取水单位或者个人):

根据《取水许可和水资源费征收管理条例》《取水许可管理办法》《重庆市水资源管理条例》《重庆市取水许可和水资源费征收管理办法》,取水单位或者个人应按时缴纳水资源费。据查证,你单位自____年____月____日起至____年____月____日止未按时缴纳水资源费,未缴纳水资源费取水量(发电量)____万 m^3(____ kW·h),逾期未缴纳费总额____万元。

请你单位收到本通知书后于7个工作日内缴纳水资源费。若逾期仍未缴纳,将按有关规定进行处罚。

____________(水行政主管部门盖章)

年　月　日

6.3.4 水资源费征收管理台账(水行政主管部门)

区县水行政主管部门每年需填报辖区内负责征收的所有取水单位或者个人水资源费台账表,并与填报的取水管理台账中实际取水量(发电量)一一对应。模板如下:

________（水行政主管部门）___年度水资源费征收管理台账

序号	取水单位名称	取水许可证编号	许可水量（万 m^3）	征收方式（取水量/发电量）	征收标准（元/m^3 或 kW·h）	征收时间（季/月）	征收水资源费（万元）												总计
							1月	2月	3月	4月	5月	6月	7月	8月	9月	10月	11月	12月	
1																			
2																			
3																			
4																			
5																			
6																			
7																			
8																			
9																			
10																			
11																			
12																			
⋮																			

6.4　水资源费缓缴

取水单位或者个人因特殊困难不能按期缴纳水资源费的,可以自收到水资源费缴纳通知单之日起 7 日内向发出缴纳通知单的水行政主管部门申请缓缴;发出缴纳通知单的水行政主管部门应当自收到缓缴申请之日起 5 个工作日内作出书面决定并通知申请人;期满未作决定的,视为同意。水资源费的缓缴期限最长不得超过 90 日。

6.4.1　申请材料

申请材料共 2 项:①水资源费缓缴申请表;②近一年水资源费缴纳凭证。

6.4.1.1　水资源费缓缴申请表

取水单位或者个人要申请水资源费缓缴,需提交水资源费缓缴申请表原件 1 份。模板如下:

________（取水单位或者个人）
水资源费缓缴申请表

取水单位或者个人(全称)		取水许可证号	
年取水许可量(万 m^3/年)		许可有效期限	
联系人		联系电话	
申请缓缴日期			
申请缓缴原因			
提交材料			
取水单位或者个人(签字盖章)	年 月 日		
水行政主管部门科室经办人意见	年 月 日		
水行政主管部门科室负责人审核意见	年 月 日		
水行政主管部门领导审批意见	年 月 日		

6.4.1.2 近一年水资源费缴纳凭证

近一年水资源费缴纳凭证复印件 1 份。

6.4.2 水资源费缓缴通知书

水行政主管部门收到取水单位的水资源费缓缴申请后，自申请之日起 5 个工作日内作出书面决定并通知申请人；期满未作决定的，视为同意。书面决定应在规定的期限内送达申请人。模板如下：

____________(水行政主管部门)

关于同意____________(取水单位或者个人)

缓缴水资源费的通知

____________(取水单位或者个人)：

你单位提交的《关于____年____(月/季)水资源费缓缴申请》已于____年____月____日收悉。经核实研究，你单位提出的缓缴水资源费申请理由属实，符合《取水许可和水资源费征收管理条例》的相关规定，同意你单位暂缓缴纳____年____(月/季)水资源费 90 日。单位需于提交申请之日起 90 日内(____年____月____日前)缴纳暂缓水资源费。

____________(水行政主管部门盖章)

年　月　日

6.5 取水监测计量要求

取水单位或者个人应当依照国家技术标准在取水口附近安装计量设施(水力发电取水除外)。对取水量达到规模以上(地表水年取水量 10 万 m^3，地下水年取水量 1 万 m^3)的，应实现在线计量，并将信息接入国控水资源管理系统。取水单位或者个人定期开展取水计量监测设施的检定或校准，做好日常运行维护，确保计量监测设施正常运行，传输信号稳定正常，并对监测计量数据的真实性、准确性负责。

6.6 水资源费违法行为处罚规定主要条款

根据《中华人民共和国水法》《取水许可和水资源费征收管理条例》《重庆市水资源管理条例》《重庆市取水许可和水资源费征收管理办法》等法律法规，水资源费征缴工作违法行为及处罚规定主要条款如下：

《中华人民共和国水法》第七十条：拒不缴纳、拖延缴纳或者拖欠水资源费的，由县级以上人民政府水行政主管部门或者流域管理机构依据职权，责令限期缴纳；逾期不缴纳的，从滞纳之日起按日加收滞纳部分千分之二的滞纳金，并处应缴或者补缴水资源费一倍以上五倍以下的罚款。

《取水许可和水资源费征收管理条例》第五十三条：未安装计量设施的，责令限期安装，并按照日最大取水能力计算的取水量和水资源费征收标准计征水资源费，处 5 000 元以上 2 万元以下罚款；情节严重的，吊销取水许可证。

计量设施不合格或者运行不正常的，责令限期更换或者修复；逾期不更换或者不修复的，按照日最大取水能力计算的取水量和水资源费征收标准计征水资源费，可以处 1 万元以下罚款；情节严重的，吊销取水许可证。

《重庆市水资源管理条例》第四十条第二款：未按照规定提交取用水数据等资料或者提供虚假取用水数据、故意关闭取水口、故意减小取水量、隐瞒取水口位置和数量等规避水资源监测工作以及拒绝监督检查的。由市、区县(自治县)水行政主管部门责令停止违法行为，限期改正，处 5 000 元以上 2 万元以下罚款。

《国家发展改革委 财政部 水利部关于水资源费征收标准有关问题的通知》(发改价格〔2013〕29 号)第八条：对超计划或者超定额取水

制定惩罚性征收标准。除水力发电、城市供水企业取水外,各取水单位或者个人超计划或者超定额取水实行累进收取水资源费。

《重庆市水资源费征收使用管理办法》第九条:取水单位或者个人超过批准的年计划取水量取水的部分,超额不到30%的,超过部分按规定标准的2倍缴纳;超额30%以上的,超过部分按规定标准的3倍缴纳。

7 取水计量监测管理

7.1 计量监测技术标准

(1)饮用冷水水表(JJG 162—2019);
(2)城镇供水水量计量仪表的配备和管理通则(CJ/T 454—2014);
(3)用水单位水计量器具配备和管理通则(GB/T 24789—2022);
(4)超声流量计(JJG 1030—2007);
(5)电磁流量计(JJG 1033—2007);
(6)水表检定装置(JJG 1113—2015);
(7)取水计量技术导则(GB/T 28714—2012);
(8)水量计量设备基本技术条件(SL/T 426—2021);
(9)水资源监测数据传输规约(SL/T 427—2021);
(10)水资源水量监测技术导则(SL 365—2015);
(11)水利监测数据传输规约第1部分:总则(SL/T 812.1—2021);
(12)水资源监控管理系统建设技术导则(SL/Z 349—2015);
(13)计量标准考核规范(JJF 1033—2016);
(14)地下水监测工程技术规范(GB/T 51040—2014);
(15)水资源管理信息对象代码编制规范(GB/T 33113—2016);
(16)水准标尺检定规程(JJG 8—1991);
(17)地下水监测网运行维护规范(DZ/T 0307—2017);
(18)区域地下水位监测网设计规范(DZ/T 0271—2014);
(19)地下水动态监测规程(DZ/T 0133—1994);
(20)国家水资源监控能力建设项目标准(SZY 505—2019)。

7.2 计量设施检定(校准)要求

取水单位或者个人应定期开展计量器具检定(校准),凡经检定(校准)不符合要求的或超过检定周期的计量器具一律不准使用。计量器具检定或校准应由市场监督管理部门认证或授权的第三方承担,在授权区域内开展检定工作,检定后出具检定报告或检定证书。

(1)根据《饮用冷水水表检定规程》(JJG 162—2019)规定,对于公称通径为 DN50 及以下,且常用流量不超过 16 m^3/h 的水表安装前首次强制检定,限期使用,到期轮换,使用期限规定如下:

公称通径不超过 DN25 的水表使用期限不超过 6 年;

公称通径超过 DN25 但不超过 DN50 的水表使用期限不超过 4 年;

公称通径超过 DN50 或常用流量超过 16 m^3/h 的水表检定周期一般为 2 年。

(2)根据《超声流量计》(JJG 1030—2007)《电磁流量计》(JJG 1033—2007),超声波流量计或电磁流量计检定(校准)周期 2 年。

(3)根据《取水计量技术导则》(GB/T 28714—2012)规定,水工建筑物各部分尺寸及闸门形状等应每 2 年自行监测 1 次,如有变动,应修正相应流量计算公式或曲线。

(4)其他计量设施检定(校准)要求及周期按市场监督管理部门的要求和相关规范执行。

7.3 计量设施基础信息管理

国家水资源管理系统(重庆)(以下简称国控系统)计量设施基础信息台账是全市取水计量设施基础信息数据库,应根据计量设施的实际情况进行同步更新和动态管理,主要包括计量设施接入申请、信息变更申请和检定(校准)管理。计量设施基础信息台账查看如下:

国控系统—业务管理—五水资源监测—水量监测—计量设施基础

信息管理—计量设施基础信息台账表。

7.3.1　计量设施接入申请

对新申请取水许可证照的取水单位或者个人、新建或改造(含更换)取水计量设施的取水单位或者个人,水行政主管部门应按照审批权限组织取水单位或者个人及时在国控系统中申请接入计量设施信息,系统将自动分配监测点代码作为唯一识别码,对取水计量非在线监测设施,系统将根据取水单位或者个人电子证照号+自动编号作为唯一识别码,计量设施信息经审核通过后,将根据申请情况自动同步至国控系统计量设施基础信息台账中。具体要求如下:

(1)取水规模(地表水年取水量 10 万立方米,地下水年取水量 1 万立方米)以上的(含),在国控系统中,业务管理—五水资源监测—水量监测—在线监测信息接入模块中,按要求申请接入取水计量设施相关信息。

(2)取水规模(地表水年取水量 10 万立方米,地下水年取水量 1 万立方米)以下的,在国控系统中,业务管理—五水资源监测—水量监测—非在线监测信息录入模块中,按要求申请接入取水计量设施相关信息。

7.3.2　计量设施信息变更申请

对国控系统计量设施基础信息台账中任一信息发生变化,或者取水计量在线监测异常数据需要更改时,水行政主管部门应按照管理权限组织取水单位或者个人及时在国控系统中提出计量设施(监测)信息变更申请,经市级审核通过后,对取水计量设施基础信息变更,变更信息自动同步到国控系统计量设施基础信息台账中,具体要求如下:

在国控系统—业务管理—五水资源监测—水量监测—监测点信息变更模块中,按要求申请取水计量设施(监测)信息变更。

7.3.3　计量设施检定(校准)信息管理

取水单位或者个人取水计量器具到期检定(校准)后,水行政主管部门应按照管理权限组织取水单位或者个人及时将检定(校准)证书(报告)复印件等资料,提供给水行政主管部门存档,并将相关信息录入国控系统中,经审核通过后,相关信息将按照申请情况自动同步到国控系统计量设施基础信息台账中。具体要求如下:

在国控系统—业务管理—五水资源监测—水量监测—更换、检定(校准)记录管理模块中,按要求填写相关信息。

7.4 在线监测信号预警处理

水行政主管部门应当加强取水计量监测的日常运维管理及国控系统的使用,明确专人负责,每天查看系统,掌握本行政区内取水在线监测数据上报情况。对取水在线监测水量数据出现异常、超时未报、超许可量等情况,国控系统会自动生成预警台账并发送预警提醒;针对预警情况,具有管理权限的水行政主管部门应及时向取水单位或者个人发出通知,查明预警原因,提出处理方案,开展相关运行维护工作,并在国控系统在线监测预警及处理台账中进行核实处理。具体要求如下:

在国控系统—业务管理—五水资源监测—水量监测—水量在线监测管理—在线监测预警及处理模块中,结合取水计量实际情况,按要求进行核实处理。

7.5 计量设施运维管理

根据相关规定,水行政主管部门应按照管理权限对取水计量设施进行监督管理,要求取水单位或者个人严格计量设施运维管理,确保计量设施正常使用和量值准确、可靠。

